# 商 务 礼 仪

## (第3版)

杨 丽 主 编

叶 廷 李景红
宇卫昕 句 超 参 编

清华大学出版社

北 京

## 内 容 简 介

本书以常见的商务活动为载体，介绍了不同商务场景和商务仪式中的礼仪规范和操作程序。全书共分为七章，主要内容包括商务礼仪概述、商务形象礼仪、商务交往礼仪、商务会议礼仪、商务仪式礼仪、商务文书礼仪及商务宴请礼仪等。

本书主要面向高职院校，适用于国际商务类专业、市场营销类专业相关课程教学，同时可以作为相关企业和机构进行商务礼仪培训的参考书，也可以作为企业员工和社会人员学习礼仪常识的手册。

**图书在版编目(CIP)数据**

商务礼仪/杨丽主编. —3 版. —北京：清华大学出版社，2021.1（2023.1重印）
ISBN 978-7-302-57105-6

Ⅰ. ①商⋯　Ⅱ. ①杨⋯　Ⅲ. ①商务—礼仪—教材　Ⅳ. ①F718

中国版本图书馆 CIP 数据核字(2020)第 251138 号

责任编辑：汤涌涛
装帧设计：刘孝琼
责任校对：李玉茹
责任印制：曹婉颖
出版发行：清华大学出版社
　　　　　网　　　址：http://www.tup.com.cn, http://www.wqbook.com
　　　　　地　　　址：北京清华大学学研大厦 A 座　　　邮　　编：100084
　　　　　社 总 机：010-83470000　　　　　　　　　　邮　　购：010-62786544
　　　　　投稿与读者服务：010-62776969, c-service@tup.tsinghua.edu.cn
　　　　　质量反馈：010-62772015, zhiliang@tup.tsinghua.edu.cn
　　　　　课件下载：http://www.tup.com.cn, 010-62791865
印 装 者：三河市天利华印刷装订有限公司
经　　销：全国新华书店
开　　本：185mm×260mm　　　印　张：12.25　　　字　数：294 千字
版　　次：2010 年 4 月第 1 版　2021 年 1 月第 3 版　　印　次：2023 年 1 月第 4 次印刷
定　　价：39.00 元

产品编号：082662-01

# 第 3 版前言

《商务礼仪》是全国高职高专公共基础课教材。该教材于 2010 年 4 月出第 1 版，近十年来受到广大师生的欢迎，已经修订三版。教材的主要编写团队建设了天津市市级精品课程"商务礼仪"、天津市市级精品资源开放课程"商务礼仪"，主持了职业教育国际贸易专业教学资源库"国际商务礼仪"课程的建设，"国际商务礼仪"课程获评国家精品在线开放课程。教材建设和课程建设同向同行，相互促进。丰富的课程建设经验和资源为教材编写修订提供了坚实的基础和鲜活的一手资料。

本次修订由国家精品在线开放课程"国际商务礼仪"主持人杨丽教授领衔并全面负责完成。在修订过程中，保持原有的框架基本不变，内容包括商务礼仪概述、商务形象礼仪、商务交往礼仪、商务会议礼仪、商务仪式礼仪、商务文书礼仪、商务宴请礼仪七个章节。每章设置了常识栏、资料栏、阅读栏等栏目，这些栏目围绕教材内容编排，补充和拓展了教材内容。针对部分知识点和技能点补充了微视频，扫描二维码即可观看，使教材形式更具有生动性和可视性。

本次修订结合当今社会发展要求，结合国内外最新礼仪动态，对部分内容进行了更新和调整，例如，增加了"一带一路"部分国家的商务交往礼仪规范，使教材内容更具有时代性和实用性。

使用本教材时，可以登录"爱课程"平台，加入在中国职教 MOOC 频道开设的国家精品在线开放课程"国际商务礼仪"学习，即可使用其中丰富的课件、微课、视频、图片、案例、习题、实训等资源。

本教材由广州华夏职业学院杨丽教授担任主编，由广州华夏职业学院叶廷、李景红，以及天津商务职业学院宇卫昕、句超作为参编。具体编写分工如下：杨丽编写第一、二、三章，叶廷编写第四章，李景红编写第五章，句超编写第六章，宇卫昕编写第七章。在编写本教材的过程中，编者借鉴和参考了大量国内外的相关书籍、教材、网站资料，在此向这些作者表示敬意和感谢！

由于编者水平有限，书中难免有不足之处，敬请同行专家和广大读者批评、指正。

编　者

# 第 1 版前言

在经济全球化的背景下，企业和各组织机构之间的商务交往日趋紧密，商务活动变得越来越频繁。了解商务礼仪的基本规则，学习商务礼仪的基本规范，掌握商务礼仪的操作实务，能够帮助企业遵循商务交往的国际惯例，更加顺畅有效地与国内外客户沟通。

商务礼仪是成功步入商界的通行证，是树立良好商务形象的前提，是建立融洽商务关系的基础，是调节商务交往摩擦与冲突的润滑剂，同时是保证商务活动体面而友好地进行的规则和程序。

学习商务礼仪课程，对于学生加强自身修养、塑造良好个人形象、提高未来的就业竞争力、获得职业生涯的成功也具有重要意义。

本书由 2008 年天津市市级精品课程"商务礼仪"课程组成员编写，在编写中借鉴了精品课程的建设经验，具有如下特点。

## 1．布局合理

商务礼仪涉及商务交往的各个环节和商务活动的各个场景，内容纷繁复杂，一些教材难免会有重复和堆砌，本书在内容的布局上简洁清晰、重点突出，避免了内容的罗列和重复。

## 2．突出实用

商务礼仪具有很强的实践性和操作性，本书按照"学以致用"的原则，在内容的选取上以企业常见的商务活动为载体，在内容的编写上重点描述操作过程，具有很强的实用性。

## 3．编排新颖

本书在正文之外，还添加了常识栏、资料栏、阅读栏等栏目，这些栏目围绕教材内容编排，补充和拓展了教材内容，使教材变得生动灵活。

本书由杨丽担任主编，宇卫昕、张秋筠担任副主编。其中，杨丽编写第一章、第二章；句超编写第三章；赵红梅编写第四章；宇卫昕编写第五章；张瑞编写第六章；张秋筠编写第七章。

本书在编写过程中借鉴和参阅了许多教材、著作和网站资料，在此表示感谢和敬意。由于编者水平有限，书中难免有疏忽和不足之处，敬请同行、专家和广大读者指正。

编　者

# Contents 目录

# 目　　录

教学资源服务

# 第一章 商务礼仪概述

**本章导读：**

本章主要介绍礼仪的起源、含义和基本原则，为人们认识和了解商务礼仪，理解商务礼仪的基本精神，在商务活动中自觉遵循商务礼仪的规范和要求奠定基础。本章特别介绍了商务活动中的尊位确定与位次排序原则，对于在不同类型的商务活动中如何安排人员的空间位置做了详细介绍，以保证商务活动有序、友好地进行。

## 第一节 礼 仪 概 述

## 一、中华礼仪的渊源

### 1. 中华礼仪的起源

中华民族素有礼仪之邦的美誉，礼仪文化源远流长。现代人类学、考古学、历史学的研究成果表明，礼仪是人类文明的产物，它伴随着人类的产生而产生，伴随着人类漫长的发展史而逐渐走向成熟。

礼仪起源于宗教活动。东汉许慎的《说文解字》对"礼"字的解释是这样的："履也，所以示神致福也。"意思是实践约定的事情，用来给神灵看，以求得赐福。

早期的人类对于自然现象的认知和了解远远不如今天的人们，对于自然界中的许多现象，如打雷、闪电、洪涝灾害等无法理解，因此产生了恐惧和敬畏的心理，希望通过以祭天、敬神为主要内容的祭祀活动来表达对神灵的恭敬、顺从，以达到取悦神灵、保护自身利益的目的。古时祭祀活动不是随意进行的，而是有一定的程序和形式。这些祭祀活动在历史发展中逐步完善，形成了相应的规范和制度，进而形成祭祀礼仪。

礼仪产生于社会生活。人类为了生存和发展，不得不以群居的形式相互依存，而群居使人与人之间既相互依赖又相互制约。人们为了生存，必然对食物等资源产生需求，而资源的获取是有限的，因此难免会发生矛盾和冲突。人类面临的内部关系及矛盾与冲突必须按照一定的规则和次序妥善处理。

在群体生活中，长幼有序等既是一种天然的人伦秩序，又是一种需要所有成员共同认定、保证和维护的社会秩序。因此，人们逐步积累和自然约定出一系列"人伦秩序"，这就是最初的礼仪。遵守礼仪，能够使人们的社会交往活动变得和谐而有序。

从礼仪的起源可以看出，礼仪是在人们的社会活动中，为了维护一种稳定的秩序，为了保持一种交际的和谐应运而生的。一直到今天，礼仪依然体现着这种本质特点与独特的功能。

在我国古代，"礼"主要有三层含义：一是政治制度；二是礼貌、礼节；三是礼物。"仪"也有三层含义：一是指容貌和外表；二是指仪式和礼节；三是指准则和法度。

在现代社会，礼仪是人们在社会交往中普遍遵守的表示尊重与友好的行为规范与准则，具体表现为礼貌、礼节、仪表、仪式等。

### 2. 中华礼仪的发展

中国漫长的礼仪发展史经历了礼仪的萌芽时期、礼仪的形成时期、礼仪的发展与变革时期、礼仪的强化时期、礼仪的衰落时期、现代礼仪时期和当代礼仪时期几个阶段。中华礼仪的形成和发展，经历了一个从无到有、从低级到高级、从零散到完整的渐进过程。

在原始社会中晚期(约旧石器时期)出现了早期礼仪的萌芽，生活在距今约 1.8 万年前的北京周口店山顶洞人，用穿孔的兽齿、石珠作为装饰品，挂在脖子上。

公元前 1 万年左右，人类进入新石器时期，不仅能制造精细的磨光石器，并且开始从事农耕和畜牧。在其后数千年岁月里，原始礼仪渐具雏形。仰韶文化时期的其他遗址及有关资料表明，当时人们已经注意尊卑有序、男女有别。而"长辈坐上席，晚辈坐下席；男子坐左边，女子坐右边"等礼仪现象日趋明确。

周朝对礼仪建树颇多。全面介绍周朝典章制度的《周礼》，是中国流传至今的第一部礼仪专著，它将人们的行为举止、心理情操等统统纳入一个尊卑有序的模式之中，对周代礼制的确立起了重要作用。《周礼》本为官职表，后经整理，成为讲述周朝典章制度的书籍。《周礼》原有 6 篇，详细介绍了六类官名及其职权。六官分别称为天官、地官、春官、夏官、秋官、冬官。其中，春官主管五礼，即吉礼、凶礼、宾礼、军礼、嘉礼，是周朝礼仪制度的重要组成部分。吉礼，指祭祀的典礼；凶礼，主要指丧葬礼仪；宾礼，指诸侯对天子的朝觐及诸侯之间的会盟礼节；军礼，主要包括阅兵、出师等仪式；嘉礼，包括冠礼、婚礼、乡饮酒礼等。由此可见，许多基本礼仪在西周时期已基本形成。

西周末期，王室衰微，诸侯纷起争霸。公元前 770 年，周平王东迁洛邑，史称东周。承继西周的东周王朝已无力全面恪守传统礼制，出现了所谓"礼崩乐坏"的局面。

春秋战国时期是我国的奴隶社会向封建社会转型的时期。在此期间，相继涌现出孔子、孟子、荀子等思想巨人，发展与革新了礼仪理论。

孔子是中国古代的大思想家、大教育家，其较系统地阐述了礼及礼仪的本质与功能，把礼仪理论提高到一个新的高度。孔子编订的《仪礼》，详细记录了战国以前贵族

生活的各种礼节仪式。《仪礼》与前述《周礼》和《礼记》，合称"三礼"，是中国古代最早、最重要的礼仪著作。孔子认为，"不学礼，无以立"（《论语·季氏篇》），"质胜文则野，文胜质则史。文质彬彬，然后君子"（《论语·雍也》）。孔子要求人们用道德规范约束自己的行为，要做到"非礼勿视，非礼勿听，非礼勿言，非礼勿动"（《论语·颜渊》）。其倡导的"仁者爱人"，强调人与人之间要有同情心，要互相关心，彼此尊重。

孟子是战国时期儒家思想的主要代表人物。孟子把孔子的"仁学"思想加以发展，提出了"王道""仁政"的学说和"民贵君轻"说，主张"以德服人"；在道德修养方面，主张"舍生而取义"（《孟子·告子上》），讲究"修身"和培养"浩然之气"等。

荀子是战国末期的大思想家，主张"隆礼""重法"，提倡礼法并重，"礼者，贵贱有等，长幼有差，贫富轻重皆有称者也"（《荀子·富国》）；"礼之于正国家也，如权衡之于轻重也，如绳墨之于曲直也。故人无礼不生，事无礼不成，国家无礼不宁"（《荀子·大略》）。荀子还提出，不仅要有礼治，还要有法治。只有尊崇礼，法制完备，国家才能安宁。

公元前 221 年，秦王嬴政最终吞并六国，完成统一大业，建立起中国历史上第一个中央集权的封建王朝。秦始皇在全国推行"书同文""车同轨""行同伦"。秦朝制定的集权制度，成为后来延续两千余年的封建体制的基础。

西汉初期，汉高祖刘邦制定了朝礼之仪，突出发展了礼的仪式和礼节。而西汉思想家董仲舒，把封建专制制度的理论系统化，汉武帝刘彻采纳董仲舒"罢黜百家，独尊儒术"的建议，使儒家礼教成为定制。

汉代时，《礼记》问世，共计 49 篇。其中，有讲述古代风俗的《曲礼》；有谈论古代饮食居住进化概况的《礼运》；有记录家庭礼仪的《内则》；有记载服饰制度的《玉藻》；有论述师生关系的《学记》；还有教导人们道德修养的途径和方法，即"修身、齐家、治国、平天下"的《大学》等。总之，《礼记》堪称集上古礼仪之大成，是上承奴隶社会、下启封建社会的礼仪汇集。

盛唐时期，《礼记》由"记"上升为"经"，与《周礼》和《仪礼》并称为"礼经"三书。

宋代时，家庭礼仪研究硕果累累，在大量家庭礼仪著作中，以司马光的《涑水家仪》和南宋理学家朱熹的《朱子家礼》最为著名。

明代时，交友之礼更加完善，而忠、孝、节、义等礼仪日趋繁多。

清朝建立后，逐渐接受了汉族的礼制，并且使其复杂化，导致一些礼仪显得虚浮、烦琐。例如清代的品官相见礼，当品级低者向品级高者行拜礼时，动辄一跪三叩，重则三跪九叩。清代后期，清王朝政权腐败，民不聊生，古代礼仪盛极而衰。

清王朝土崩瓦解后，孙中山破旧立新，用民权代替君权，用自由、平等取代宗法等级制；普及教育，废除祭孔读经；改易陋俗，剪辫子、禁缠足，正式拉开了现代礼仪的帷幕。

民国期间，西方礼仪逐渐传入中国，握手礼等开始逐渐流行。

1949 年 10 月 1 日，中华人民共和国宣告成立，中国的礼仪建设从此进入一个崭新的历史时期。

随着改革开放的推进和中国经济的不断增长，国际经济贸易和文化交流活动日益增加，在中西方经济和文化的交融中，现代礼仪进入快速发展时期。

党的十八大以来，中国特色社会主义和中国梦深入人心，践行社会主义核心价值观、传承中华优秀传统文化的自觉性不断提升。《新时代公民道德建设实施纲要》指出："充分发挥礼仪礼节的教化作用。礼仪礼节是道德素养的体现，也是道德实践的载体。要制定国家礼仪规程，完善党和国家功勋荣誉表彰制度，规范开展升国旗、奏唱国歌、入党入团入队等仪式，强化仪式感、参与感、现代感，增强人们对党和国家、对组织集体的认同感和归属感。充分利用重要传统节日、重大节庆和纪念日，组织开展群众性主题实践活动，丰富道德体验、增进道德情感。研究制定继承中华优秀传统、适应现代文明要求的社会礼仪、服装服饰、文明用语规范，引导人们重礼节、讲礼貌。"

## 二、西方礼仪的渊源

### 1. 西方礼仪的起源

在西方，"礼仪"一词最早源于法语"etiquette"，原意为"法庭上的通行证"。

古代的法国法庭为了展示司法活动的威严性，保持法庭的庄严肃穆，要求所有进入法庭的人员必须严格遵守一些规定，这些规定写在一张长方形的卡片(即通行证)上，发给进入法庭的每一个人，作为其进入法庭后必须遵守的规矩或行为准则。

在社会活动中，人们也要遵守一定的规矩和准则，才能保证人与人之间的社会交往稳定有序。所以当 etiquette 一词进入英国后，便有了"礼仪"的含义，意即"人际交往的通行证"。经过不断地演变和发展，"礼仪"一词的含义逐渐变得明确而独立。

### 2. 西方礼仪的发展

古希腊哲学家对礼仪有许多精彩的论述。毕达哥拉斯率先提出了"美德即是一种和谐与秩序"的观点。苏格拉底认为，哲学的任务不在于谈天说地，而在于认识人的内心世界，培植人的道德观念。他教导人们不仅要待人以礼，而且在生活中要身体力行。柏拉图强调教育的重要性，指出理想的四大道德目标：智慧、勇敢、节制、公正。亚里士多德指出，德行就是公正。他说："人类由于志趣善良而有所成就，成为最优良的动

物，如果不讲礼法、违背正义，他就堕落为最恶劣的动物。"

公元前 1 世纪末至公元 5 世纪，是罗马帝国统治西欧时期。在此期间，教育理论家昆体良撰写了《雄辩术原理》一书，书中论及罗马帝国的教育情况，认为一个人的道德和礼仪教育应从幼儿期开始。诗人奥维德通过诗作《爱的艺术》，告诫青年朋友不要贪杯，用餐不可狼吞虎咽。

12 世纪至 17 世纪，是欧洲封建社会鼎盛时期。中世纪欧洲形成的封建等级制，以土地关系为纽带，将封建主与附庸联系在一起。在此期间制定了严格而烦琐的贵族礼仪、宫廷礼仪等。例如写于 12 世纪的冰岛诗集《埃达》，就详尽地叙述了当时用餐的规矩，嘉宾贵客居上座，举杯祝酒有讲究……

14 世纪至 16 世纪，欧洲进入文艺复兴时代。该时期出版的涉及礼仪的名著有：意大利作家加斯梯良编著的《朝臣》，论述了从政的成功之道和礼仪规范及其重要性；尼德兰人文主义者伊拉斯谟撰写的《礼貌》，着重论述了个人礼仪和进餐礼仪等，提醒人们讲道德、卫生和外表美；英国哲学家弗兰西斯·培根指出，"一个人若有好的仪容，那对他的名声大有裨益，并且，正如女王伊莎贝拉所说，那就'好像一封永久的推荐书一样'"。

17 世纪至 18 世纪是欧洲资产阶级革命浪潮兴起的时代，随着资本主义制度在欧洲的确立和发展，资本主义社会的礼仪逐渐取代封建社会礼仪，在资本主义时代也出版了大量礼仪著作。例如，捷克资产阶级教育家夸美纽斯编撰了《青年行为手册》；英国资产阶级教育思想家约翰·洛克编写了《教育漫话》，该书系统而深入地论述了礼仪的地位、作用以及礼仪教育的意义和方法；德国学者缅南杰斯在汉堡编著了礼仪专著《论接待权贵和女士的礼仪，兼论女士如何对男士保持雍容态度》。

西方现代学者也编撰出版了不少礼仪书籍，其中比较著名的有法国学者让·赛尔著的《西方礼节与习俗》、英国学者埃尔西·伯奇·唐纳德编的《现代西方礼仪》、德国作家卡尔·斯莫卡尔著的《请注意您的风度》、美国礼仪专家伊丽莎白·波斯特编的《西方礼仪集萃》以及美国教育家卡耐基编撰的《成功之路丛书》等。

# 第二节　商务礼仪概论

## 一、商务礼仪的含义与内容

### 1. 商务礼仪的含义

商务礼仪是人们在长期的商务交往中，为了保证商务活动有序而友好地进行，结合不同国家、不同地区的习俗和一些约定俗成的惯例，逐渐形成的普遍适用于商务交往和

商务活动的规范和准则。

商务礼仪是人们在商务活动中对交往对象表示尊重和友好的一系列行为规范和活动程序，是礼仪在商务活动中的具体体现和运用。

### 2. 商务礼仪的内容

商务礼仪包括商务礼节和商务仪式两方面的内容。

(1) 商务礼节是人们在商务交往活动中，为表示尊重对方而采取的规范形式。例如商务着装礼仪、言谈举止礼仪等。

(2) 商务仪式是按照一定程序和规范进行的商务活动形式。例如签字仪式礼仪、开业庆典礼仪等。

在商务活动中，遵循一定的商务礼仪规范，不仅有利于营造良好的交易氛围，促进交易与合作的成功，而且能体现个人与企业的良好素质，树立与巩固个人和企业的良好形象，对于企业文化建设、客户关系建立、公共关系处理、市场拓展开发等具有积极的意义。

## 二、商务礼仪的特点

### 1. 普遍认同性

商务礼仪是在商务活动领域被共同认可、普遍遵守的规范和准则，具有普遍认同的特点。例如，握手礼是现代全世界通用的见面礼仪。随着经济全球化进程的加快，商务礼仪的普遍认同性使商务礼仪成为不同国家、不同民族、不同地区人们之间开展商务活动、进行商务交往的"通行证"。

### 2. 形式规范性

商务礼仪的表现形式在一定程度上具有一定的规范性。例如在正式的商务场合，男士一般要穿西装，并且要符合一定的穿着规范，否则就会贻笑大方；对于许多商务仪式，对其程序的要求必须符合一定的规范性，例如签字仪式、轮船下水仪式等都有一定的约定俗成的程序要求。如果执意要违反这个规范或符号，就会在与他人交往时传达错误的信息，轻的会使自己陷入尴尬的境地，重则会伤害他人的感情。因此，人们要想在商务场合表现得得体恰当、彬彬有礼，就必须遵守各项礼仪规范。

商务礼仪各种规范的表现形式也具有很高的审美品位，可给人带来视觉、听觉、感觉等立体和全方位的审美享受。

### 3. 时代变化性

事物都是不断发展变化的，商务礼仪也伴随着时代的发展而发展变化，在现代快节

奏、高效率的经济生活环境之下，现代商务礼仪也抛弃了过去的很多繁文缛节，向着更加简洁、务实的方向发展。

### 4. 地域差异性

不同的文化背景，产生不同的地域文化，从而决定着商务礼仪的内容和形式。比如，不同国家、不同地区、不同民族见面问候致意的形式就不一样，有脱帽点头致意的形式、有拥抱的形式、有双手合十的形式、有手抚胸口的形式、有握手致意的形式等。

再如，在宴请方面，中国人请客时桌子上的食物如果被客人吃干净，主人会觉得很没面子，好像饭菜不够丰盛；而在西方国家，主人见此情景会非常高兴，因为这表示准备的饭菜很受客人欢迎。这些礼仪形式的差异是由不同地方风俗文化决定的，我们要尊重这些差异。

#### 中西方称呼上的差异

中国文化非常重视宗亲关系，中国社会是在氏族血缘关系的宗法社会基础上发展起来的，高度重视血缘关系，强调等级的差异。在汉语中亲属称谓用于非亲属之间是一种很常见的称呼形式，这种称谓可以使交际双方感到亲近，缩小双方的距离，从而收到较好的交际效果。美国作为一个移民社会，其发展史是个人奋斗开拓的历史，强调个人的独立性、平等性。在美国文化中，Grandpa(爷爷)、Uncle(叔叔)等亲属称谓一般仅限于亲属之间使用。

在汉语中直呼其名的范围一般限于亲朋好友之间，且限于长辈、上级对晚辈、下级或平辈、平级之间。如果我们对长辈和上级直呼其名，一定会惹得对方不快。而在美国，直呼其名的范围要宽泛得多。现在随着交往的增加，我们也逐渐习惯对英美人士直呼其名，但是面对社会地位较高或较有威望的西方人士，也不能一概照搬，以免显得唐突。

### 5. 文化交融性

商务礼仪的发展与演进，体现了国际上通行的礼仪实践惯例与世界各民族不同的礼仪习俗相结合而形成的鲜明特征。例如，在正式的商务场合，按照国际惯例，男士要穿深色西服套装，这一规范在不同的地域体现了和当地文化的交融，作为商务正装的深色西服套装，在阿拉伯国家可以穿长袍替代，在我国也可以穿中山装替代，同样体现了对交往对象的尊重和对本民族文化的尊崇。

# 三、商务礼仪的基本原则

商务活动的内容包罗万象，参与活动的人物与组织来自不同的国家或地区，具有不同的文化背景，涉及各地不同民族的礼仪习俗，商务礼仪不可能把每一个细节和规范都规定出来。人们要在不同文化背景下，在纷繁复杂的商务活动中把握正确和得体的礼仪尺度，做到应对自如，就要掌握商务礼仪的一些基本原则。

商务礼仪的基本原则是贯穿在纷繁复杂的商务礼仪具体表现形式之中的基本宗旨，其核心精神是尊重他人，其表现是在实践和操作中要体现出对交往对象的尊重与友好。

## 1. 职位优先

商务活动需要在一定的空间中展开，需要在一定的时间内完成，出席商务活动的人员，其座位的排序和出场的顺序，都要依据职位优先的原则来安排，即职位高的人比职位低的人、资历高的人比资历浅的人具有出场顺序和位次安排等方面的优先权。职位优先原则是商务活动中位次排序的主要依据。

## 2. 注重形象

在商务交往中，人们要遵照规范的方式塑造与维护自己的个人形象，以体现自我尊重和对交往对象的尊重。

首因效应告诉我们，人们在交往中根据最初获得的信息所形成的印象不易改变，甚至会左右我们以后的行为活动和评价。首因效应在很大程度上指的是"第一印象"的影响，试验证明，第一印象是很难改变的。在商务交往中，人们往往通过对交往对象的仪表风度、言谈举止、穿衣打扮等印象来初步判断一个人的修养与素质，形成首因效应，从而影响以后的交易与合作。因此在商务交往过程中，尤其是与别人的初次交往时，一定要注意自身的形象修饰，给对方留下美好的印象。

## 3. 守时守信

守时是指在商务活动中强调时间观念，一切与时间有关的约定一定要遵守，例如按时到达谈判地点、按时出席会议、按约定时间去拜访客户等，这体现了现代人对于时间效益的重视和对交往对象的尊重。

在商务活动中，讲信用不仅体现了商务礼节，也是商业道德的体现。在商务场合，人们的许诺往往代表了一定的利益关系，特别是在商务谈判等活动中，对于各种谈判条件和合同条款一定要深思熟虑，不要轻易许诺，以免造成无法兑现的后果。承诺一旦作出，就必须兑现；如果约定已经作出，就必须如约而行，真正做到"言必信，行必果"，只有这样，才会赢得交往对象的信任和好感。

万一由于难以抗拒的因素，致使自己单方面失约，或是有约难行，需要尽早向有关各方通报，如实地解释，并且要郑重其事地为此向对方致以歉意，同时按照法规和惯例主动承担因此而给对方造成的损失。

### 4. 遵守惯例

在国际商务交往中，为了减少麻烦、避免误会，方便人们沟通以达成共识，最为简捷的办法就是遵守国际上通行的礼仪惯例。

比如在不同国家，见面礼有鞠躬礼、合十礼、按胸礼、吻面礼、拥抱礼等，而与任何国家的人士打交道，以握手这一"共性"礼仪作为见面礼节，都是适用的。所以在涉外交往中采用握手礼，就是遵守礼仪的国际惯例。

在国际贸易中，有一条不成文的规则：为了顺利达成交易，通常卖方要主动适应和遵循买方的礼仪惯例，以便增进双方之间的理解和沟通，有助于更好地向买方表达卖方的友好合作意向。

### 5. 入乡随俗

在国际商务交往中，作为访问者一定要遵守当地的风俗习惯和礼仪惯例，做到入乡随俗。做到入乡随俗的前提是要了解当地所特有的礼仪习俗、商业惯例等，在充分了解的前提下，才能对当地的礼仪习俗予以充分尊重，并按照主方的礼仪习惯来完成商务活动。例如，在用餐时，东亚国家的人多用筷子，欧美国家的人爱用刀叉，因此，到欧美国家出席商务宴请，就应当适应那里的用餐习惯，尽量正确地使用刀叉。在与阿拉伯人打交道时，就必须对其习俗诚恳地表示尊重，否则就会冒犯对方。

当自己身为东道主时，为了表达对客人的诚挚欢迎之心，也可以沿用客方的礼仪习俗来表达对客人的热情和尊重，体现"主随客意"，这也是一种交往艺术。例如，在中式宴请时，可以在宴会桌上同时摆放筷子和刀叉，以示尊重和方便西方客人。

## 四、商务礼仪的作用

### 1. 规范行为

商务礼仪对人们在商务场合的各种行为提出了规范化的要求，其具体表现形式是一系列约定俗成、为商界所公认的行为规范和活动程序。个人和组织在商务活动中，通过行使这些行为规范和活动程序，一方面对交往对象表示尊重和友好；另一方面也使商务活动按照一定的规范和次序以更加体面和友好的方式进行。例如，着装礼仪对出席正式商务场合的男士与女士着装提出了基本的要求：深色西装、白色衬衣、领带、西装套裙等，这些典型

礼仪的作用.mp4

的商务场合着装元素，保证了商务场合的相对一致性和正式性，提高了商务场合的仪式感和隆重感。

在一些特定的商务仪式中，其规范和程序就显得更加重要，例如签字仪式、剪彩仪式等都有其约定俗成的程序，在商务仪式礼仪中规定了这些活动具体的操作程序和要求。

### 2. 沟通信息

礼仪是通过言谈举止等形式表达出来的行为，是通过语言和非语言方式表达情感的沟通方式，带有强烈的信息性，几乎每一种礼仪行为都表达了某种特定信息，在长久的商务交往中，人们按照惯例识别并表达这种信息，形成了独特的沟通模式。

在商务交往中，整洁的衣着、得体的谈吐、优雅的举止、谦让的风度容易使双方互相吸引，增进感情，促进良好人际关系的建立和发展；反之，如果不讲礼仪，粗俗不堪，那么就容易产生感情排斥，给对方造成不好的印象，造成人际关系紧张。在交往中，交往双方只有按照礼仪的规范行事，才能更有效地向交往对象表达自己的尊敬、敬佩、善意和友好等信息，人际交往才可以顺利进行和延续。热情的问候、友善的目光、亲切的微笑、文雅的谈吐、得体的举止，不仅能唤起人们的沟通欲望，建立彼此的好感和信任，而且可以促成交流的成功和交际范围的扩大，进而有助于事业的发展。

### 3. 塑造形象

学习和运用商务礼仪，无疑将有益于人们更好地打造个人商务形象，符合社会对商务人士的定位和要求。

现代市场竞争除了产品竞争外，形象竞争也是一个重要的竞争层面，一个具有良好信誉和形象的企业，容易获得社会各方的信任和支持。商务人士的个人形象在一定程度上透露了所在企业的文明程度、管理风格和道德水准。良好的个人形象无疑能为企业传递正面信息，宣传企业形象。

商务礼仪也是企业文化的重要组成部分，是企业形象的重要表现。许多优秀企业对礼仪都有高标准的要求。所以从组织的角度来说，礼仪可以塑造企业形象，提高企业的知名度和美誉度，最终达到提升企业社会效益和经济效益的目的。

### 4. 促进文明

礼仪是人类社会进步的产物，是人类摆脱野蛮、进入有序文明时代的标志。《礼记》中记载："凡人之所以为人者，礼义也。"学习礼仪、应用礼仪，有助于形成良好的社会风气，营造和谐的社会氛围，建立互敬互让的人际关系，提升个人的礼仪修养，促进社会的文明发展。

随着我国在世界经济和政治舞台上扮演着越来越重要的角色，彰显着越来越重要的作用，礼仪成为我国与世界各国交往的名片，成为国家形象、城市形象、企业形象和区域投资环境的组成部分。

提高礼仪修养的途径.mp4

# 第三节　商务活动的尊位确定与位次排序

## 一、商务活动中的尊位确定

### 1. 尊位在商务活动中的意义

商务活动都是在一定的空间、场所中进行的，如会议室、签字厅、开业庆典现场等，在这些场所中如何安排好参与商务活动的每个人静态的位置和动态的活动次序是非常重要的，它反映了主办方对参与各方的利益和地位的确认与排序，是商务活动能够有序地、友好地开展的基本保证。要合理地安排这些位置和次序，首先要确定在一个商务活动场所中最重要、最尊贵的位置，我们称为尊位。尊位确定后，商务活动的行进方向和顺序安排就能够迎刃而解。

在不同的商务活动场所，尊位的确定可以遵循以下几个原则。

(1) 尊位要居于众星捧月的位置，如商务会见时的尊位，如图 1-1 所示。

图 1-1　商务会见时的尊位示意

(2) 尊位要具有最佳视野，能够环顾所有与会嘉宾或能够以最佳角度观看，如会议中的尊位，如图 1-2 所示。

(3) 尊位要具有行动上最便利的条件，如乘车时的尊位。

图1-2　会议中的尊位示意

### 2. 尊位的确定方法

在一些由主客双方共同参与的商务活动中，在安排座位和排定位置时，通常需要确定左边和右边哪边的位次更高，即决定以左为尊或以右为尊。在不同的文化背景下，究竟是左尊还是右尊有不同的说法，也有不同的礼仪操作实践。

在我国的历史长河中，传统的一般做法是"以左为尊"。《礼记》中说："左为阳，阳，吉也，右为阴，阴，丧所尚也。"左主吉，右主凶。《史记·魏公子列传》中说："公子于是乃置酒大会宾客。坐定，公子从车骑，虚左，自迎夷门侯生。"虚左，就是空出左边尊位，以示敬让。成语"虚左以待"即缘此而产生。唐宋也是以左为上。如唐太宗的两位名相合称"房谋杜断"，房在前而杜在后，房玄龄之尚书左仆射显然尊于杜如晦之尚书右仆射。

在我国政务场合的礼仪实践中，普遍遵循"以左为尊"的做法。政府机关、国有企业召开会议、布置会场、安排主席台座位时讲究"以左为尊"。

在西方"以右为尊"的说法源远流长。在世界经济发展的两个重要历史阶段，英国和美国先后成为第一、二次工业革命的引领者，因此体现在经济活动中的国际商务礼仪带有浓厚的英美文化特点，很多商务礼仪的规范和做法都源于英美文化。在正式的国际商务交往中，"以右为尊"是国际商务惯例，意味着在国际商务活动中凡是有必要确定尊位和位次排序的情况，一般遵循"以右为尊"的原则。

### 我国古代的尊位

在我国汉代，尊位是根据方向确定的，其中以"东向"座位次最尊(即坐西朝东)，其次是"南向"座，然后是"北向"座，最后是"西向"座。《史记·项羽本纪》中鸿门宴的座次安排是："项王、项伯东向坐；亚父南向坐，亚父者，范增也；沛公北向坐；

张良西向坐。"如图1-3所示。

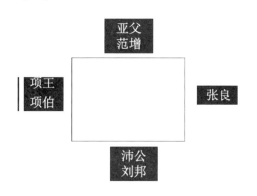

图1-3　鸿门宴的座次安排示意

顾炎武认为："古人之坐，以东向为尊。"这是指的"室"内设宴的座礼，而在位于宫室主要建筑物前部中央坐北朝南的"堂"上，则是以南向为最尊，次为西向，再次为东向。

## 《红楼梦》中的位次排序

在《红楼梦》中也有关于尊位和位次的描述，如在林黛玉初进贾府时的座次安排："贾母正面榻上独坐，两边四张空椅，熙凤忙拉了黛玉在左边第一张椅上坐了，黛玉十分推让。贾母笑道：'你舅母你嫂子们不在这里吃饭。你是客，原应如此坐的。'迎春姊妹三个告了座方上来。迎春便坐右手第一，探春左第二，惜春右第二。黛玉在左边第一张椅上坐了……"(见图1-4)

图1-4　《红楼梦》中的座次示意

## 二、商务活动中的位次排序

位次排序的原则.mp4

### 1. 商务活动中位次的含义

位次是指参与商务活动各方人员座位的排序和出场的顺序，这种次序和顺序是一种优先权的获得和体现，即位次高的人比位次低的人、先出场的人比后出场的人具有各方面的优先权。位次排序是比较严肃、技术性较强而且很敏感的一个问题。在政务活动和商务活动中，位次排序是反映和平衡各方利益关系的重要手段。如果处理不当，容易引发一些不必要的纠纷和矛盾，这在国际交往关系中尤为敏感。

商务活动中的位次排序反映了参与商务活动各方的利益和综合影响力，具体表现在参与商务活动各方的经济实力、拥有的资源状况、社会影响力与社会地位、被东道主的认可程度、与参与活动各方利益的关联程度等方面，人员的位次越靠前，说明该人士所代表的组织或企业在本次商务活动中越受到重视，越有分量。

阅读栏

1946 年 5 月，远东国际军事法庭审判以东条英机为首的 28 名日本甲级战犯，10 个参与国的法官们因排定座次而展开了异常激烈的争论。中国法官理应排在庭长左边的第二把椅子，可是由于中国国力不强，而被各强权国否定。在这种情况下，唯一出庭的中国法官梅汝璈，与列强展开一场机智的舌战。他首先从正面阐明：排座位应按日本投降时各受降国的签字顺序排列，这是唯一正确的原则。接着他微微一笑说："当然，如果各位同人不赞成这一方法，我们不妨找个体重器来，依体重的大小排座，体重者居中，体轻者居旁。"各国法官听了，忍俊不禁。庭长笑着说："您的建议很好，但它只适用于拳击比赛。"梅法官接着回答说："若不以受降国签字顺序排座，那就按体重排座。这样纵使我置末座而心安理得，并且对我的国家也有所交代，一旦他们认为我坐在边上不合适，可以换另一名比我胖的来。"这一回答引得法官们大笑起来，梅法官终于坐到了应坐的位子上。

### 2. 位次排序的一般原则

1) 主客双方对等原则

在商务活动中，主方和客方人员按照职位高低对等排序，即总经理与总经理(副总经理)在一个位次平台，部门经理和部门经理在一个位次平台。主客双方对等原则从形式上

来看，表现为相同或相似职位上的主客双方在商务活动中的礼仪位次是平等的；从实用性上来看，这种排序实际上也是为了方便信息沟通与交流，因为相同或相似职位的主客双方，其掌握的信息是对称的，所以他们有共同语言，可以在同一个位次平台上进行交流。因此这种排序也为同一决策层面的人提供了一个有共同语言的信息沟通平台。

2) 职位优先原则

职位优先原则是指按照出席人员职位的高低来排定其座位和次序的原则。在排定出场顺序时，按照职位高低排序，职位高的人优先出场；在商务会见等场合排定位次时，按照职位高低，以尊位为基点，离尊位越近，职位越高，由近及远、职位由高到低依次排列。位次安排如图 1-5 所示。

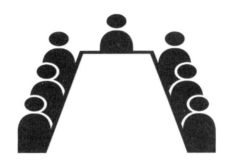

图 1-5　位次安排示意

在具体的礼仪实践中，由于各企业内部机构设置不同，所以不容易把握客方人员的职位顺序，遇到这种情况时，最好的办法是提前让对方拟出一个按照职位排序的名单，再照此排序就可以避免出现问题。

3) 按利益排序原则

现代商务活动不仅仅是主客双方一对一的简单交往，而且往往是多边活动，涉及不同企业、政府部门、金融机构、新闻媒体等相关组织，在这些复杂的多边活动中，不能简单地参照职位的高低来安排位次，主方在安排各方的位次时往往需要考虑按利益关系进行排序。

利益排序原则是指为保证商务活动顺利进行，主方在位次排序上将利益权重较大的部门或机构代表放在靠前的位置。这样，在整个活动中，有可能某个职位较低的年轻人，由于其代表的单位与这一项目能否成功关系密切，因此，他的位次就可能排在很多人的前面，这就是利益排序的一个重要体现。

4) 荣誉特例原则

荣誉特例原则是指在商务活动中，如果在政治家、艺术家、社会名流等出席活动的情况下，为了表示对其社会地位的尊重，将他们的座次或出场顺序超前排列，作为荣誉特例。

## 礼宾次序

礼宾次序，又称礼宾序列，它所指的是在同一时间或同一地点接待来自不同国家、不同地区、不同团体、不同单位、不同部门、不同身份的多方来宾时，接待方应依照约定俗成的方式，对其尊卑、先后的顺序或位次所进行的具体排列。

礼宾次序体现了东道主对各国宾客所给予的礼遇；在一些国际性的集会上则表示各国主权平等的地位。礼宾次序安排不当或不符合国际惯例，则会引起不必要的争执与交涉，甚至影响国家关系。因此在组织涉外活动时，对礼宾次序应给予一定的重视。

## 北京奥运会开幕式入场顺序

历届奥运会都是以举办国家的字母表顺序确定开幕式入场顺序的。1988年汉城(现名首尔)奥运会时也是按照韩语字母表顺序入场，首先入场的是希腊，之后依次是加纳和加蓬。在2008年4月举行的国家奥委会联合会(ANOC)全体会议上，北京奥组委表示，将按照汉语拼音字母表顺序制定入场顺序。但由于汉字是表意文字，不存在字母顺序，因此只能按汉字笔画制定顺序。

北京奥运会开幕式，首次按照各代表团第一个汉字的笔画数顺序安排入场。因此，除了按惯例第一个出场的希腊代表团和最后一个出场的东道主中国代表团次序不变外，其他代表团大多有了与往届奥运会开幕式不同的出场顺序。

# 思考与练习

## 一、单选题

1. 我国自古就是一个礼仪之邦，早在3000多年前的(    )时期，我国的古代礼仪就已经基本成型。

    A. 西周　　　　B. 春秋　　　　C. 汉代　　　　D. 唐朝

2. "礼之于正国家也，如权衡之于轻重也，如绳墨之于曲直也。故人无礼不生，事无礼不成，国无礼不宁"出自(    )。

  A. 孔子   B. 孟子   C. 荀子   D. 庄子

3. (　　)认为，"不学礼，无以立"。

  A. 孔子   B. 孟子   C. 荀子   D. 庄子

4. 全面介绍周朝典章制度的(　　)，是中国流传至今的第一部礼仪专著。

  A.《周礼》  B.《仪礼》  C.《礼记》  D.《礼仪》

5. 国际商务礼仪带有浓厚的(　　)特征。

  A. 拉美文化  B. 佛教文化  C. 英美文化  D. 阿拉伯文化

6. 在正式的商务活动中，位次排序是按照(　　)原则进行的。

  A. 职位优先  B. 女士优先  C. 年龄大小  D. 资历深浅

7. 按(　　)的原则确定尊位是国际商务交往中的惯例。

  A. 以左为尊  B. 以东向为尊  C. 以南向为尊  D. 以右为尊

二、讨论题

1. 简述商务场合位次排序的主要原则。

2. 简述入乡随俗原则并分析其包含哪几方面的含义。

3. 结合实际情况，简述如何遵守守时守信原则。

# 第二章　商务形象礼仪

**本章导读：**

本章主要介绍商务场合人们在仪容、着装、举止、表情和言谈等方面的基本礼仪规范，为出席各种商务场合的形象塑造提供详细而全面的参考。

## 第一节　商务场合仪容礼仪

孔子说："君子不可以不学，见人不可以不饰。不饰无貌，无貌不敬，不敬无礼，无礼不立。"与人相见时，适当打扮是对别人的尊重。仪容的修饰包括头发、面容等暴露在服装之外的部分，要求兼具自然美和修饰美，达到内在修养与外在美的自然融合。

## 一、头发的修饰

### 1. 保持头发的清洁与健康

头发要经常清洗，以保持干净和健康。空气中的灰尘、粉尘、化学物以及各种细菌无时无刻不在侵袭着我们的头发，这些黏附在头发表面的污垢和尘埃会增加头发之间的相互摩擦，致使头发受损，失去光泽。经常洗发，能洗去头发上堆积的灰尘、污垢和油脂，由此降低头发受损的概率。

有调查表明，蓬松的头发能够提升面部的亮度，使人看起来神采奕奕。因此在参加重要活动之前，一定要清洗头发，去除头屑和异味，保持头发蓬松、健康、清爽，增强自信。

正确的洗发方法是：先用梳子把头发梳开，用温水将头发冲洗一遍，冲洗掉一部分附着在头发上的灰尘、头皮屑等，再用洗发水揉洗。先将洗发水倒适量在手心里，加水轻轻搓揉至起泡后再涂抹于头部，用双手的指腹在头皮上按摩打圈揉洗，然后冲洗干净。

常识栏

人的发质大致可以分为干性、中性和油性 3 种，在购买洗发水时一定要选择适合自己发质的，具体可以根据 pH 来判断。

中性发质者宜选用 pH 在 7 左右的洗发水；干性发质者宜选用 pH 在 4.5~5.5 呈弱酸

性的洗发水，不能用 pH>8 的碱性洗发水，否则会加速毛发的老化，终至脱落；油性发质者最适合的是 pH>7 的中性洗发水，它可以适度地洗去头发上过多的油腻污垢，并保留毛发中应有的油脂。

由于烫发、染发时所用的药水都属于高碱性溶剂，头发乃至毛囊都会受到损伤，因此，这种受损发质最好使用中性或 pH 为 4.5～5.5 的弱酸性洗发剂，借以中和碱性药水对头发的破坏作用，保护头发的弹性。

对皮肤易过敏、发质较差、易脱发的人，选择温和型的洗发水较适合。

### 2. 选择合适的发型

商务场合对发型的基本要求是简洁大方，符合大众的审美观，与自己的身份、岗位、工作环境相适应。

职场男士的发型要求样式保守整洁，修剪得体，两侧鬓角不得长于耳垂底部，背面不超过衬衣领底线，前面不遮盖眼部。职场男士发型如图 2-1 所示。

职场女士最典型的发型是中短发，暗示着权威、自信，组织能力和逻辑思维能力强。如果留长发，尽量在工作场合把头发束起来。职场女士发型如图 2-2 所示。

图 2-1 职场男性发型示意

图 2-2 职场女性发型示意

无论留什么发型，至少 6～8 周要修理一次。

与着装一样，发型的选择也要注意"TPO"原则，即注意发型风格和时间、场合、目的的协调，从事不同职业的人，可以有不同的发型风格。例如，时装业、广告业等时尚行业的人士可以选择比较个性和时尚的发型；如果从事的是律师业或银行业，最好选择相对保守的发型。同样，发型也应随着场合的变化而变化，在商务谈判等场合，女士的发型要简洁干练；但是在商务宴请场合，女士的发型可以配合服装做出不同的造型，以体现女性的魅力。

## 二、面容的修饰

在商务场合与人打交道，面部的清洁与修饰非常重要，整洁明朗、容光焕发的面部会给对方留下良好的第一印象。

### 1. 面部的清洁与护理

保持面部皮肤清洁的基础工作是洗脸。洗脸的时间一般是早上起床后和晚上睡觉前，一般一天洗两次即可。男性的皮肤多为油性或偏油性，可以适当增加洗脸的次数，以去除油脂，保持面部皮肤的爽洁，这在夏天显得尤为重要，以免面见客户或同事时面泛油光，令人不悦。

要保持面部的润泽光洁，面部的护理与保养也很重要。面部保养需要使用基础护肤品，一般包括洗面奶、柔肤水(爽肤水)和乳液。

正确的洗脸方法：取洗面奶适量，用双手的中指和无名指的指肚在脸上打圈揉搓，轻揉面部1~2分钟后用清水洗去泡沫，最后用毛巾将脸上的水分擦干。在清洗时要特别注意面部T字区、额头、鼻翼及鼻梁两侧、嘴巴四周。

### 2. 男士面部的修饰

随着社会的发展变化，男士也开始重视面容的修饰和保养，以保持健康年轻的形象和良好的精神面貌，增强自信和竞争力。男士面部的清洁与护理也可以按照洁肤、爽肤、护肤三个基本步骤来完成。现在市场上有许多男士专用的基础护肤品，可根据情况选择适合自己的一款。

每天要坚持剃须，要修剪鼻毛，切忌让鼻毛露出鼻腔，检查牙齿、嘴角、眼角是否干净。

### 年轻男士面部保养方法

年轻男士皮肤的最大问题，应该是因皮脂分泌过盛所引起的出油及青春痘，此时期因荷尔蒙分泌量增加刺激皮脂腺，导致粉刺的出现，进而形成青春痘。

男士面部保养的重点如下。

(1) 不过度去除皮脂：过度去除皮脂是导致皮肤干燥的主因，因此保留脸上的皮脂并补充水分才是好方法。年轻的皮肤只要能保持油分和水分的均衡，自然就能防止干燥。

(2) 补充足够的水分：维持脸上油分及水分的平衡就能彻底解除出油及干燥的双重问题，因此洗脸后要使用适合个人肤质的化妆水，抹上一层薄薄的乳液。

### 3. 职业女性化妆

化妆可以增强自信，缓解压力，对交往对象表示礼貌和尊重。职业女性的妆容受到职业环境的制约，应给人一种专业性、责任性、知识性的感觉。商务场合化妆的色彩组合，既不过分炫目、刺激，也不过分含糊，应在视觉和心理上给人一种和谐、舒适、悦目的美感。

化淡妆的一般步骤如下：

① 首先在全脸点涂底霜，用手指按压开；

② 画眉前要先修眉，选择和发色相近的眉笔，把眉形画出来再将颜色填满；

③ 沿着睫毛根部画眼线；

④ 刷睫毛膏；

⑤ 涂抹口红。

**一项关于化妆的调查**

白金汉郡奇尔特恩斯大学学院(BCUC)和L'ORÉAL Recherche在2006年进行的调查显示，当152名男性和171名女性对4名女性化妆前后的照片进行评价时，他们的反应表明，化过妆的女性被认为更具自信，并预计比那些未化妆的女性有可能收入更高，从事着更好的工作。

**如何选择口红**

口红又称唇膏，是使唇部红润有光泽，达到滋润、保护嘴唇，增加面部美感及修正嘴唇轮廓的产品，是女性必备的美容化妆品之一。

1. 根据皮肤的颜色选择

皮肤暗黄：选择暖色系中偏暗的红色，如褐红、梅红、深咖等，以使肤色显得白皙透明。不宜搭浅色或含荧光的口红，因为浅色口红会与皮肤形成对比，从而使皮肤显得更为暗淡。

皮肤白皙：既可以选择冷色系的唇色，如紫红、玫红、桃红等，也可以选择暖色系的口红，如暖茶红、肉桂色等。

2. 根据造型风格选择

清纯可爱型：选择以粉彩为主的淡雅色系，如珍珠粉红、粉橘、粉紫等，能很好地流露少女的纯情与活泼，切忌浓艳和强烈的色彩。

高雅秀丽型：选择玫瑰红、紫红或棕褐色的唇色，成熟柔美，知性优雅。

艳丽妖媚型：选择大红、深莓、薰紫的唇色，散发热情性感的魅力。

(资料来源：中国化妆品招商网)

# 三、双手及指甲的修饰

### 1. 手的清洁与修饰

在各种交往活动中，向他人伸出一双洁净的手是最基本的礼仪要求。在职业场合，一双洁净并精心护理的手能够显示出一个人良好的教养。

在日常生活中，要经常用洗手液或香皂洗手，一是为了杀菌，二是为了清除污垢。洗手后要及时涂抹护手霜，对指甲周围的死皮要定期修理。

### 2. 指甲的修饰

指甲要经常清洗和修剪，指甲缝中不能留有污垢，指甲的长度，不应超过手指指尖。常用的甲形有方形、方圆形、椭圆形等，可以根据个人的手形和喜好修剪。

在商务场合，女性指甲油的颜色不要太亮丽，否则会使别人的注意力只集中在你的指甲上。相反，选一些与口红相配的颜色，如典雅、稳重的红色系，浅粉色或半透明指甲油，会使人感觉自然亲切。

注意不要在公共场所修剪指甲，这样是失礼的表现。

阅读栏

在我国唐朝时期，就已经出现染甲的风尚。所用的材料是凤仙花，做法是取腐蚀性较强的凤仙花的花和叶放在小钵中捣碎，加少量明矾，便可以用来浸染指甲。也可将丝棉捏成与指甲一样的薄片，放入花汁，等到吸入水分后取出，放在指甲表面，经过连续

浸染 3~5 次，数月都不会褪色。

美甲不仅是美丽的标志，也是地位的象征，中国古代官员还用装饰性的金属假指甲增加指甲的长度，以显示其尊贵地位。

# 第二节 商务场合着装礼仪

## 一、商务场合着装的基本规范

### 1. 服饰的作用

社会学家厄尔文·高夫曼(Erving Goffman)提出，穿着是人们为了将自己置身于一个社会系统中所进行努力的一部分。服饰具有强烈的社会属性和文化属性，是商务交往中不可替换的一个重要符号。国际商界有约定俗成的着装规则，通过深色西装、浅色衬衫建立起一种权威的、实力雄厚的、可信赖的商人形象。

服饰覆盖了接近 90% 的身体面积，在给人第一印象时起着决定性作用。服饰是人的品位、感情、心态、个性等集中的物化，以它特有的审美功能创造了形形色色、风格各异的人群和阶层。

服装是职业形象中的一个关键因素，是一个强有力的视觉工具，要塑造良好的职业形象，就应懂得挑选衣服的艺术，即衣服与我们的身体特征和职业岗位相得益彰。

### 服装增强自信

美国李维斯公司曾经为提高公司的利润做了一次统计调查，希望了解消费者穿衣的动机和期望服装带给穿衣者的社会效益。调查发现，人们穿衣不是为了漂亮和其他，而是为了增强自信。这个调查发现，60% 的人认为穿衣是为了增强自信，51% 的人认为穿衣是为了在压力下保持镇静，49% 的人期望自己看起来理解人、关心人，41% 的人期望看起来聪明，只有 6% 的人认为穿衣是为了看起来漂亮。

### 2. 着装的"TPO"原则

"TPO"原则是国际通行的着装惯例，"TPO"是三个英文单词的缩写，T(Time)代表时间、季节、时令、时代；P(Place)代表地点、场合；O(Object)代表目的、对象。它要求人们的着装与

着装的 TPO 原则.mp4

时间、季节相吻合，符合时代潮流；与所处场合、环境及不同国家、区域、民族的不同习俗相吻合；符合着装人的身份；根据不同的交往目的、交往对象来选择服饰，给人留下良好的印象。

1) T(时间)原则

时间原则主要是指白天和晚上的着装风格不同。根据形象学家的观点，以 18 点作为分界点，18 点以前指白天的工作时间，着装应遵循端庄、整洁、稳重、美观、和谐的原则，日间办公室服饰的色彩不宜过于夺目，以免干扰工作环境，影响整体工作效率，应尽量考虑与办公室的色调、气氛相适应，并与具体的职业分类相吻合。

晚间是指 18 点以后，参加宴请、派对、听音乐会、观看演出等活动，在参加这些活动时着装要讲究一些。当派对和宴会请柬上特意标明"请着正式服装"的时候，男士一般要穿深色西装套装，女士要穿礼服。

一年四季不同气候条件的变化对着装的心理和生理也会产生影响，着装时应做到冬暖夏凉、春秋适宜。此外，服饰还应顺应时代的潮流和节奏，符合一个时代的主流审美观，过分落伍或过分新奇都不符合职业场合的着装要求。

2) P(场合)原则

着装要与职业、场合相宜，这是不可忽视的原则。年长者、身份地位高者，服装款式要相对保守庄重，面料质地讲究；在工作场所，整体来说以整齐清洁、端庄大方为原则，男士办公时可穿单色、暗格条纹和犬牙格、人字呢等小花纹的套装，女性的穿着以西服套裙最为适宜，可选择造型感稳定、线条感明快、不易皱褶的西服套裙，并配以女式高跟鞋，以表现女性自信、干练的职业风采。个人还可以结合所处不同的行业和工作性质，在此原则上灵活把握。在比较强调专业形象与管理能力的行业，如银行、律师事务所、会计师事务所，应以比较深沉的色彩和沉稳的造型表现个人的干练稳健；在讲求亲和力的行业，如教师、社会服务者，可以以明亮或柔和的色彩拉近距离；从事创意产业的人士，如广告、表演、设计等行业，可以体现个人风格，追求时尚，甚至标新立异也不为过。

3) O(目的)原则

着装应与交往对象、办事目的相适应。作为职业人，在决定今天应该穿什么的时候，一个重要的指导原则是：哪一套衣服对我今天的工作会有帮助？

着装要符合公司要求和工作性质的特点。如果在一个大家穿着非常专业的工作场合穿着太随意的服装出现，自己也会感到不自在，与周围的氛围不协调，甚至可能导致不自信，如果这一天需要当众发言讲话，或者有重要客户来访，情况可能会更糟糕，不合适的服装会导致平时应该发挥非常好的工作水平打折扣。

如果公司规定统一着装，那么就必须按照公司要求统一穿着制服，要保持制服的干

净、挺括；如果不要求统一着装，那么服装款式要大方、简洁、得体，同时要注意一定的舒适性，便于走动，以适应一整天的工作强度。

与外宾、少数民族人士相处时，更要特别尊重他们的习俗禁忌。例如在中东或东南亚的某些地方，职业女性被要求穿端庄的长袖服装，裙子要长过膝盖。

## 二、商务场合的男士着装

### 1. 西装的选择

西装是一种国际性服装，是世界公认的男士正装。西装的款式可简单分为欧式、英式和美式三种风格。

职业场合着装的意义.mp4

欧式：剪裁得体，领形狭长，胸部收紧突出，袖拢与垫肩较高，造型优雅，多为双排扣。

英式：与欧式相仿，但垫肩较薄，后背开衩，绅士味道很足。

美式：领形较宽大，垫肩适中，胸部不过分收紧，两侧开衩，风格自然。

按照西装纽扣的排列可以分为单排扣西装和双排扣西装。单排扣西装又有单粒扣、两粒扣、三粒扣之分，如图 2-3 所示。

图 2-3　单排扣西装(单粒扣、两粒扣、三粒扣)

单粒扣的西装可以系扣也可以不系；两粒扣的西装讲究"扣上不扣下"，即只系上边那粒纽扣；三粒扣的西装，要么只系中间那粒扣，要么系上面那两粒纽扣。双排扣的西装在着装时一般要把纽扣全部系上。单排扣西装的纽扣系法如图 2-4 所示。

在选择西装时，要充分考虑自己的身高、体形，选择合适的款式。另外，还要注意

选择合适的面料与颜色，西装的面料应该挺括、垂感好，纯羊毛、高比例羊毛化纤混纺
面料为首选。

图 2-4　单排扣西装纽扣系法

在颜色上宜选用深蓝色、深灰色等深色调，这些颜色几乎适用于所有正式场合。黑
色一般用来做礼服的颜色，适用于婚礼等特殊场合。

西装讲究合身，买西服时一定要试穿，试穿时一定要将全部的扣子都扣上，看看肩
膀是否吻合，然后将手臂抬起、放下，弯弯手肘看会不会出现皱褶紧绷的感觉。西裤腰
围的大小应以裤子扣好后，在自然呼吸的情况下，能够贴着腰围平插进一只手掌。两条
裤缝应笔直地垂到鞋面，裤子的长度从后面看应该刚好到鞋跟和鞋帮的接缝处，如图 2-5
所示。

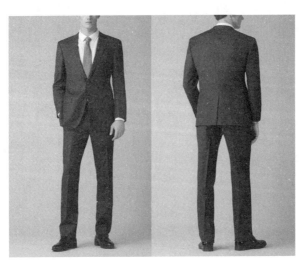

图 2-5　西装套装尺寸示意

### 2. 西装的穿着要领

(1) 西服袖口的商标牌和纯羊毛标志应摘掉。

西装的穿着要领.mp4

(2) 穿西装不能把袖子挽上去，不可以卷起西裤的裤管。

(3) 不要当众脱下西装上衣，更不能把它当作披风披在肩上。

(4) 西装外侧下方的两只口袋，原则上不要装任何东西。

(5) 西装上衣的胸袋除了可插入一块用以装饰的口袋巾外，不要放其他东西，尤其不应别钢笔、挂眼镜。

(6) 西装裤子上两侧的口袋只能够放纸巾、钥匙包。后侧的两只口袋不要装东西。

(7) 西装上衣内侧的胸袋，可用来放钱夹或名片夹，不要放过大或过厚的东西。

## 西装的保养

好西服，七分工艺，三分保养，如果不注意日常保养，再好的西服，也会变得不值钱。所以，要想西服穿得长久，需要懂得一点西装保养的常识。西服最重要的是有形，所以不穿的时候不能随便乱扔，或随便搭在椅背上，一定要把它挂起来；在挂时，应先把兜里的东西掏干净，裤子上的皮带最好也取下来，因为这些东西被一起挂在衣架上时，它们的重量可能造成衣服变形。挂西服的衣架最好是木制的，因为木制衣架具有吸水性，可以吸收毛料西服中的水分、灰尘和湿气。若有时间，每天最好要刷一刷，刷的时候，刷毛与面料成 90°角，用刷毛尖轻轻地扫。刷的顺序是两个前衣片—后背—双肩—两只袖子—领子，而且一定要自上而下，因为这样刷衣服，不仅可以清除灰尘，还能梳理和舒展纤维，使其得以休息。裤子要倒挂起来，这是为了利用其自身的重量使毛料的纤维舒展，以恢复造型。另外，如果膝盖部分出现鼓包，通过这样的吊挂，也会得以复原。

### 3. 衬衫

在正式场合搭配西装套装的正装衬衣是硬领式的，主要面料为纯棉或棉涤混纺，高支纱为首选，白色、浅蓝色与深色西装都是不错的搭配。

虽然衬衫平时都是穿在西装的里面，但是并不能因此而忽视衬衫本身，衬衫的合身与否，直接影响整体着装的贴合程度。尤其对于一些面料轻盈的西装来说，如果穿在里面的衬衫过于宽松，则很难确保上装的服帖流畅。

西装穿好后，衬衫领应高出西装领口 1～2cm，衬衫袖长应比西装上装衣袖长出 1～2cm，这样既可以避免西装袖口受到过多的磨损，还可以用白色衬衫来衬托西装的美观，显得更干净、利落，活泼而有生气。同时，白领露出部分与袖口露出部分相呼应，

有一种旋律美，如图 2-6 所示。

图 2-6　穿西装要露出衬衣领边和袖口

在正式场合，不管是否与西装合穿，长袖衬衫的下摆必须塞在西裤内，袖口必须扣上，不可翻起。系领带时衬衣领口的扣子必须系好，不系时扣子应解开，如图 2-7 所示。

图 2-7　衬衣领口示意

### 4. 领带

男士正装最出彩的地方就是胸前的"V"字部分，领带是平衡西装胸前 V 区的关键，因此领带就成为被关注的焦点。领带被称为"西装的灵魂"，是西装的重要装饰品，在西装的穿着中起画龙点睛的作用，是专属于男士的饰物。男士穿西装时，特别是穿西装套装时，不打领带往往会使西装黯然失色。同样的一套西装，只要经常更换不同的领带，往往也能给人以耳目一新的感觉。正式场合领带的材质以真丝为上乘，颜色以单色或印有斜纹的色彩为主，单色领带中，灰色、绛红色和蓝色是最常见、最实用的，通常以平结、交叉结、温莎结为主要扎系方式。

## 西装、衬衣、领带的搭配

1. 花色搭配

三素搭配：西装、衬衣、领带均为素色。

两素一花：两件为素色，一件带条纹或图案。

两花一素：两件带条纹，一件为素色。

2. 明暗搭配

搭配原则是明搭暗，深搭浅，具体如下。

(1) 深色西装+浅色衬衣+亮色、中色或深色领带。

(2) 中色西装+浅色衬衣+深色领带。

(3) 深色西装+中色衬衣+浅色或深色领带。

以下是最常用领带的打法图解。

平结(Plain Kont)：是男士选用最多的领结打法之一，几乎适用于各种材质的领带。平结会在领结下方形成一个"酒窝"，要注意两边均匀对称，如图2-8所示。

图 2-8　平结的打法

交叉结(Cross Kont)：是单色素雅面料且较薄的领带适合选用的领结。对于喜欢展现流行感的男士不妨多使用，如图2-9所示。

图 2-9　交叉结的打法

温莎结(Windsor Kont)：适合于宽领形的衬衫。不适于材质过厚的领带，不要把领结打得过大，如图2-10所示。

图 2-10 温莎结的打法

　　领带的长度要合适，打好的领带尖端应恰好触及皮带扣；领带的宽度应与西装翻领的宽度和谐。领带打好之后，外侧应略长于内侧。西装上衣系好衣扣后，领带要放在西装与衬衫之间；穿西装马甲、羊毛衫、羊毛背心时，领带应放在它们与衬衫之间，如图 2-11 所示。

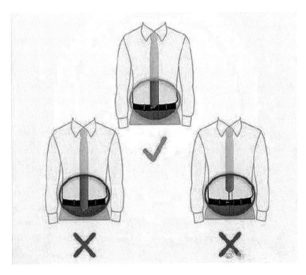

图 2-11 领带的长度

　　打领带时，在一般情况下没有必要使用任何配饰。在清风徐来、快步疾走之时，听任领带轻轻飘动，能为男士平添一分潇洒和帅气。但是有时为了减少领带在行动时任意飘动带来的不便，或为了不使其妨碍工作和行动，可使用领带夹和领带针。领带夹和领带针的基本作用是固定领带，其次才是装饰。领带夹的位置在衬衫从上往下数的第四粒、第五粒纽扣之间，用领带夹把领带固定在衬衫上。领带针别在衬衫从上往下数第三粒纽扣处的领带正中央，有图案的一面放在领带外面，另一端为细链，藏在衬衣内。

　　在正式场合不要选用"一拉得"领带或"一套得"领带。

### 5. 皮带、皮鞋、袜子

　　与西装相配的正装皮带要求是皮质材料，光面，皮带扣环简洁大方，皮带上面不要挂手机、钥匙等物件。正装皮带如图 2-12 所示。

西装的配件.mp4

图 2-12　正装皮带

在商务场合穿西装时要搭配皮鞋，即便是夏天也应如此，与西装搭配的皮鞋最好是黑色系带薄底皮鞋，也称为牛津鞋。皮鞋要上油擦亮，不留灰尘和污迹。正装皮鞋如图 2-13 所示。

图 2-13　正装皮鞋

穿西装皮鞋时，袜子的颜色要深于鞋的颜色，黑色、深灰色、深蓝色均可；袜筒的长度要高及小腿并有一定弹性，袜口太短或松松垮垮的袜子，坐下来时会露出腿部皮肤或腿毛，不符合礼仪规范。特别要强调的是，穿西装一定不能穿白色袜子，白袜子和浅颜色的纯棉袜子只适合运动休闲时穿。

### 6. 中山装

中山装是根据孙中山先生的理念而设计制作的，并由其率先穿着而得名。由于孙中山先生的倡导和穿着，也由于它的简便、实用，自辛亥革命起便与西装一起开始流行，并被赋予了新的含义。

资料栏

#### 中山装的造型含义

中山装的造型为：立翻领，对襟，前襟五粒扣，四个贴袋，袖口三粒扣，后片不破缝。这些形式其实是有讲究的，根据《易经》周代礼仪等内容寓以意义：前身四个口袋表示国之四维(礼、义、廉、耻)，袋盖为倒笔架，寓意为以文治国；门襟五粒纽扣区别于西方的三权分立，而是五权分立(行政、立法、司法、考试、监察)；袖口三粒纽扣表示三民主义(民族、民权、民生)；后背不破缝，表示国家和平统一之大义；衣领定为翻领封闭式，显示严谨治国的理念。中山装如图2-14所示。

图 2-14　中山装

面料高档、色彩稳重的中山装，特别适合中年男士作为中式礼服，能显示男士沉稳老练、稳健大方、高贵儒雅的气质。

中山装要保持整洁，熨烫要平整，衣领内可稍许露出一道白衬衫领。衣兜不要装得鼓鼓囊囊，内衣不要穿得太厚，以免显得臃肿。无论什么社交场合，都要扣好扣子和领钩。切忌敞开领扣，显得不伦不类，有失风雅和严肃。

做礼服用的中山装色彩要庄重、沉着，面料宜选用纯毛华达呢、驼丝锦、麦尔登、海军呢等。这些面料的特点是质地厚实，手感丰满，呢面平滑，光泽柔和，与中山装的款式风格相得益彰，使服装显得更沉稳庄重。

### 7. 商务休闲场合着装

男士在日常上班、普通约见、出差等商务休闲场合可以穿着商务休闲装，商务休闲装是较为随意的着装风格，在保持职业形象的同时穿着舒服，加上时尚元素，显得年轻有活力，不拘谨古板。商务休闲装的选择比较多：如正式的西装搭配一件软领(而不是标准衬衫领)的衬衫，不打领带，或在西装内穿着polo衫或高领的羊毛衫，都可以穿出随意的感觉，也可以穿单件的休闲西装搭配卡其布休闲裤。

## 三、商务场合的女士着装

女士在商务场合的服装以西装套裙最为正式，西装套裙被具有国际影响力的大集团、大公司采用，赋予它强烈

女士在不同商务场合的着装.mp4

的职业符号性和标记功能，带给职业女性权威感、正式感。女士职业场合着装如图 2-15 所示。

图 2-15　女士职业场合着装示意

**1. 职业套裙的分类与选择**

20 世纪 30 年代，法国时装设计师克里斯蒂安·迪欧，以拉丁字母为形式，创造了"H"形、"X"形、"A"形、"V"形四种造型模式。这四种造型各有特点，具体如下。

1) "H"形套裙

"H"形套裙指上下无明显变化的宽腰式服装，上衣较为宽松，裙子多为筒式。上衣和裙子浑然一体。其形状如一个上下等粗的拉丁字母 H。穿此种服装，给人以自由、轻松、洒脱之感，既可以让穿着者显得含蓄，也可以掩盖身材较胖的缺点。

2) "X"形套裙

"X"形套裙是根据人体外形的自然曲线——肩宽、腰细、臀围大的特点而设计的服装，符合人体的体形特征。"X"形套裙上衣多为紧身式，裙子则大都是喇叭式，穿着起来能够充分反映出人体的自然曲线美，突出着装者腰部的纤细，给人以活泼、浪漫之感。

3) "A"形套裙

"A"形套裙指上小下大的服装造型。其基本特点是肩部下塌、贴体，裙子下摆宽大，有的还呈波浪形。20 世纪 50 年代后流行于欧美各国的连袖式服装即是这种类型。由于此种服装肩部窄小，裙摆宽大，穿着时给人以优雅、轻盈、飘逸之感。

4) "V"形套裙

"V"形套裙是与"A"形服装恰恰相反的服装造型，呈上宽下窄的形状，如同拉丁字母"V"。上衣为松身式，裙子多为紧身式，并且以筒式为主。它的基本造型，实际

上就是上松下紧，其造型结构简练，穿起来舒适、利落，往往会令着装者看上去亭亭玉立、端庄大方。

正式的西服套裙，最佳面料是高品质的毛纺和亚麻，稳重有权威的颜色包括海军蓝、灰色、炭黑、淡蓝、黑色、栗色、棕色、驼色等单一色彩。职业套装讲究合身，太宽松的衣服显得人不干练。

在正式的商务场合中，无论什么季节，正式的商务套装都必须是长袖的，裙子应该长及膝盖，最好与衬衣相配。

## 女士如何选择合适的裙子

穿上裙子后，裙子上的褶皱不能撑开，大腿与臀部接缝处不能皱褶不平。口袋应闭合，不能撑开。

直筒裙穿好后，裙子在臀部以下应该笔直垂落，不要紧紧包住臀部，坐下时，裙子不能往上缩。臀部两侧应该至少留 2.5cm 宽的放松量，腰围应该有可容许两个手指插入的宽度，大腿处不能紧绷，裙子应该能够轻易地绕着身体前后转动。穿上裙子后不能显出内裤线条。

### 2. 职业套裙的搭配

1) 衬衣

与职业套裙搭配的衬衣颜色最好是白色、米色、粉色等单色，也可以有一些简单的线条和细格图案。衬衣的最佳面料是棉、丝绸等。衬衣的款式要裁剪简洁，不带花边和皱褶。

穿衬衣时，下摆必须放在裙腰之内，不能放在裙腰外，或将衬衣的下摆在腰间打结。除最上端一粒纽扣按惯例允许不系外，其他纽扣不能随意解开。在穿着职业套裙时，不能在外人面前脱下西装，直接以衬衣面对对方。身穿紧身而透明的衬衣时，特别要注意这一点。

2) 皮鞋与袜子

款式简单的黑色高跟或中跟船形皮鞋是职场女性必备的基本款式，几乎可以搭配任何颜色和款式的套装。系带皮鞋、丁字皮鞋、皮靴、皮凉鞋、旅游鞋等，都不宜在正式场合搭配套裙，露出脚趾和脚后跟的凉拖鞋也不适合商务场合。一般来说，鞋子的颜色最好深于衣服的颜色，皮鞋要上油擦亮，不留灰尘和污迹。

肉色长筒袜和连裤袜，是穿套裙的标准搭配。露出袜边的中筒袜、低筒袜，绝对不

能与套裙搭配来穿。让袜边暴露在裙子外面，是一种既缺乏服饰品位又失礼的表现。

穿长筒袜时，要防止袜口滑下来，也不可以当众整理袜子。丝袜容易划破，如果有破洞、跳丝，要立即更换。可以在办公室或手袋里预备好一两双袜子，以备替换。

女士脚上各式各样的凉拖鞋本是夏日海滩一道亮丽的风景，如今这道风景渗透到了办公室，越来越多的女性开始穿凉拖鞋上班。

一项网上调查显示，超过 31% 的参与调查女性表示，凉拖鞋是夏季上班时的必备用品。不过许多公司对这一潮流不以为然。"办公室着装要求正式庄重，而凉拖鞋被认为是休闲装束。"法国巴黎银行一位发言人评论说。

穿凉拖鞋损害的不仅是女性的事业，甚至还可能是她们的健康，青少年中脚踝患病者数量增加与穿凉拖鞋有关，有些凉拖鞋的跟很细，没有弓形支撑，这样会在足部运动中加剧不正常的生物力学运动，从而导致脚部疼痛和发炎。

美国时尚界人士警告说，凉拖鞋可能危害穿着者的职场前途，鞋可以传达女性的情绪。穿凉拖鞋表达的是放松的心情和度假的状态，而这在办公室中并不合适。

（资料来源：http://finance.sina.com.cn）

### 3. 正式场合女士礼服的选择

1）晚礼服

晚礼服是晚上穿着的正式礼服，是女士礼服中最高档次、最具特色、充分展示个性的礼服样式，又称夜礼服、晚宴服、舞会服，常与披肩、外套相配，与精美的首饰、艳丽的妆容、雍容华贵的晚装发型等共同构成整体装束效果，尽情展现女性的高贵魅力。面料以夜晚交际为目的，为迎合夜晚奢华、热烈的气氛，选材多为丝光面料、闪光缎等一些华丽而高贵的材料。穿着露肩晚礼服时，头发最好挽起，与晚礼服搭配的饰品可选择珍珠、宝石、钻石等高品质的配饰，多配高跟细袢的凉鞋，或修饰性强、与礼服相宜的高跟鞋，与晚礼服搭配的是华丽精巧的晚装包。晚礼服如图 2-16 所示。

2）小礼服

小礼服的裙长一般在膝盖上下，随流行而定。既可以是一件式连衣裙，也可是两件式、三件式服装。面料为天然的真丝绸、锦缎、合成纤维及一些新的高科技材料。一般来说，黑色小礼服最为实用，一条合体的黑色连衣裙，永远不会显得太郑重，也不会显得太随便。所以，小黑裙被人们大大推崇，它的演绎版本也有很多。

小礼服的配饰相当重要，同样一件小礼服，通过不同的搭配即可出席不同的场合。如出席商务宴会，小礼服外加小西装外套或披肩，既简洁优雅又不失庄重。饰品多为珍珠项链、耳钉或垂吊式耳环，搭配简洁造型的手拿式皮包和装饰性较强的、略带光泽感的鞋。小礼服如图 2-17 所示。

图 2-16　晚礼服

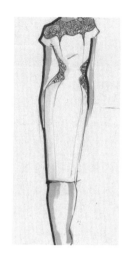

图 2-17　小礼服

### 4. 配饰

女士的饰物有戒指、项链、耳环、手镯(手链)、头饰等。在职业场合，女士佩戴的饰物与服装要协调搭配，款式简单、精致，同时佩戴的饰物不要超过 3 种，否则会造成焦点过多，影响整体效果。

1) 戒指

戒指的佩戴隐含了一定的意义，佩戴时不能随心所欲。一般情况下，一只手上只戴一枚戒指，且通常戴在左手上。在选择戒指时，要考虑手部的特征，使戒指起到锦上添花的效果。精巧的戒指，与纤纤细指十分相配。而手指较粗的人，就应该避免戴细小而精致的戒指。

2) 项链

佩戴项链时，可以利用项链的长短来调节视线，起到锦上添花的作用。例如，又细又长的项链，可以拉长视线，弥补脖子短粗的缺陷。项链上的链坠，也能够体现佩戴者的气质和个性，正式场合不要选用过分怪异的图形与文字装饰的链坠。

3) 耳环

在职业场合，不要佩戴造型夸张的耳环，应该选择比较低调的耳钉或耳坠。戴耳钉时，一只耳朵只能戴一只，不能出现一只耳朵戴好几只耳钉的前卫造型。

4) 手镯及手链

一只手腕不要同时既戴手表又戴手链或手镯，也不要同时戴两只手链或手镯。如果戴手链或手镯妨碍工作，就不要佩戴。

# 四、香水的使用

### 1. 香水的分类

一般来说，香水主要通过其浓度与香型来进行区分，按香水中香精油的含量由高至低来分，主要分为以下几类。

浓香水(Parfum)，一般习惯称为香精。这个等级的香水，是香水的最高等级，其香精浓度在 15%～30%，香料浓度最高，香味品质最好，只需一滴就能派上足够的用场，持续时间在 5～7h。包装容量一般为 7.5mL、10mL 和 15mL。

香水(Eau de Parfum)，一般习惯称为淡香精。其香精浓度在 10%～15%，香味持续时间在 5h 左右，最接近香精；但是与香精相比在价格上相对较低，这也是香水受欢迎的秘密所在。香水爱好者较多地使用这一等级的香水，以女士香水居多，容量一般为 30mL 和 50mL。

香露(Eau de Toilette)，也称淡香水。其香精浓度在 5%～10%，是近年来最受欢迎的香水种类。香味的变化较为柔和，香味持续时间为 3h 左右。因为这是国人使用最多的一个香水等级，所以一般叫香水而不叫香露。常见的容量为 30mL、50mL、75mL 及 100mL。

古龙水(Eau de Cologne)，在欧洲，男性香水大多属于这个等级，所以古龙水几乎成了男性香水的代名词。其香精含量为 2%～5%，香味持续时间为 1～2h。因为男性香水多半采用香味较浓郁或本身香味持久的原料，故一般来说，男性古龙水的香味还是能保持 3h 左右。

### 2. 香水的使用方法

办公室香水选择的首要标准是清新淡雅。同事之间在办公室的长期相处中，身体散发出清新淡雅的香水味道，带给人干净、亲和、充满活力的感觉。

白天可以选择淡香水，晚上则可选择浓香水。进餐前一般不要涂浓烈的香水，以免过浓的香水味影响食物的味道。

春天温度偏低，但气候已开始转向潮湿，香氛挥发性较低，适宜选用清新花香或水果花香的香水；夏天气候炎热潮湿，动辄汗流浃背，一定要选择气味清新、挥发性较高的香水，中性感觉的青涩植物香和天然草木清香都是理想选择；秋季气候干燥，秋风送爽，可选用香气较浓，略带辛辣味的植物香型，如带甜调的果香；冬季在厚厚的衣物之下，更需浓浓的香氛祛除寒气，清甜花香和辛辣味的浓香都是理想选择。

香精以点擦式或小范围喷洒于脉搏跳动处，如耳后、手腕内侧。香水、淡香水、古龙水、香氛因为香精油含量不高，不会破坏衣服纤维，所以可以自由地喷洒在脉搏跳动

处、衣服内里、头发上，还可以把香水向空中轻轻喷几下，在头顶形成一片香雾，随后立于香雾中，让香氛轻轻洒落在身上，散发出怡人的气息。

资料栏

### 香水的前调、中调和尾调

每一种香水都由不同的香料配制而成，而各种香料随着时间的长短挥发程度也不一样。譬如檀香木，它有一种非常持久的香味，起初闻时并不觉得香味有什么特殊，但时间越久越能散发馥郁的香气；而柠檬等柑橘系的香味恰恰相反，刚开始强烈地散发出清爽诱人的芳香，之后很快就消失了。这就形成了同一款香水在不同的时段有不同的香味，就是分前调的头香、中调的基香和尾调的末香 3 个基本的香味阶段，简单地说，就是香水的前味、中味和后味。

(1) 前调：在香水擦后 10min 左右散发的香气，作用是给人最初的整体印象。

(2) 中调：紧随前调出现，在擦后 30～40min 才能显现，散发香水的主体香味，体现香水最主要的香型，一般最少维持 4h。

(3) 尾调：是香味最持久的部分，也是发挥最慢的部分，需 30min 至 1h 的时间才能闻到香气，而它的味道可以维持一天或更长时间。

# 第三节　商务场合举止礼仪

## 一、站姿礼仪

### 1. 男士站姿的基本要领

商务场合男士的站姿以突出稳健为主题，展现出挺拔俊美、庄重大方、精力充沛的感觉。基本要求是：腰背挺直，挺胸收腹，两肩平整，双臂自然下垂，微收下颌，两脚跟相靠，两脚尖分开45°左右，或双脚分开与肩同宽，身体重心放在双脚中间。

两手在腹前相握，左手握虚拳，右手握住左手手腕部分；两脚自然分开。这种站姿端正中略有自由，郑重中略有放松。在站立中身体重心还可以在两脚间转换，以减轻疲劳，这是一种常用的接待站姿。

也可以双手自然下垂，手自然弯曲，中指对准裤缝；两脚可以并拢也可以分开，也可以呈小丁字步。这种站姿显得大方自然、洒脱。

与人交谈时，可以适当配以手势。男士站立姿势如图 2-18 所示。

图 2-18　男士站立姿势

## 2. 女士站姿的基本要领

无论在商务场合还是在社交场合，女士的站姿一定要突出优雅的主题，而优雅的关键是双腿的膝盖，无论采用何种站姿，膝盖一定要并拢，双脚可以并拢，也可以脚尖适当分开，或者呈小丁字步。双手可以自然垂下，也可以用右手握住左手，双手自然在腹前交叉。女士工作场合及礼仪场合的站姿如图 2-19 和图 2-20 所示。

图 2-19　女士工作场合的站姿

图 2-20　女士礼仪场合的站姿

### 3. 站姿的注意事项

● 切忌双脚内八字形站立，双腿交叉站立。

● 切忌双手叉腰、抱头。

● 不要倚靠在墙上或椅子上。

● 不抖腿，不摇晃身体。

## 二、坐姿礼仪

### 1. 入座与离座

在商务场合或社交场合，入座与离座时都要保持动作的轻缓优雅，入座时走到座位前面转身，控制住身体，然后轻稳地坐下，切忌沉重地落座。女士在入座时，可以用手向下轻拂一下裙边，避免坐下时裙边折翻，保证站起时裙子不会起皱褶。入座后，下颌内收，双肩自然下垂，腰背挺直，体现出稳重、大方的美感。

离座时，可以将右脚稍微后退，找到支撑点，然后起立。在起立的过程中尽量保持上身竖直平稳，不要向前哈腰，以免显得拖沓沉重。

入座和离开座位时，如果有可能要尽量从左边入座，从左边离座，尤其是出席活动的人数较多时，左进左出有利于大家进出有序。

### 2. 几种坐姿

正襟危坐式：入座时小腿与地面垂直，上身与大腿、大腿与小腿呈直角，双膝双脚完全并拢，男士双手握虚拳或手掌自然分开放在腿面，女士双手交叠放在腿面，不宜坐满椅面，以占 2/3 左右为宜。这种坐姿一般在正式汇报工作、面试的时候表达尊重之意。

双脚交叉式：双膝并拢，双脚在踝部交叉后向身体收拢，这种坐姿比正襟危坐式坐姿稍显放松。

垂腿开膝式：这种坐姿只适合男士，坐下后双膝可以分开，但不超过肩宽。

双腿斜放式：这种坐姿适合女士，双腿并拢后，双脚同时向右侧或左侧斜放，女士在较低的座椅上就座时特别适合这种坐姿。

双腿叠放式：双腿一上一下完全交叠在一起，就是俗称的"二郎腿"，抬起来的那只腿，脚尖应垂向地面。采用此种坐姿，切忌双手抱膝，双腿乱晃，在位次高的人面前，切不可有此坐姿。女士坐姿如图 2-21 所示。

图 2-21　女士坐姿

### 3. 坐姿的注意事项

● 切忌双腿向前伸开。

● 切忌一腿弯曲，另一腿平伸。

● 切忌双脚或单脚抬放在椅子扶手或桌面上。

● 切忌双腿抖动。

## 三、行姿礼仪

### 1. 行姿的基本要领

行进间的举止是一种动态美，轻盈、稳健的行姿，能反映出积极向上的精神状态。要求：双目平视，收颌，表情自然平和；两肩平稳，双臂前后自然摆动，上身挺直，收腹挺腰，重心稍前倾。行进的速度应当保持均匀、平稳，步伐可以适当加快一些，给人留下有朝气、办事有效率的印象。

前行时的行姿：行走时脚跟先着地，由脚跟向脚尖方向抬脚，迈出的脚要脚跟先着地，之后身体的重心再移至全脚，然后由脚跟向脚尖方向抬起。男士的步幅一般在 50cm 左右，女士的步幅一般在 30cm 左右。行走时双臂前后自然摆动。男士在行走时，两只脚踩出的是两条平行线；女士在行走时，两只脚尽可能走在一条直线上。

后退时的行姿：与人告别时，应当先后退两三步，再转身离去，后退时步幅要小，先转身后转头。

引导时的行姿：引导步是走在前边给客人带路时的步态。引导时要尽可能走在宾客侧前方，整个身体半转向宾客方向，保持两步的距离，遇到上下楼梯、拐弯、进门时，要伸手示意，并提示请客人上楼、进门等。

### 2. 行姿的注意事项

- 忌步伐太急躁，显得慌张、不稳定。
- 忌行走中脚后跟拖地。
- 忌八字步，低头驼背。
- 忌摇晃肩膀，扭腰摆臀、左顾右盼。

## 四、行进间的礼仪

### 1. 多人同行时

多人同行时，要让长辈或职位较高者走在最前面，其他人跟随其后。

### 2. 男女同行时

男女同行时，男士要让女士行走在比较安全的一侧，例如，若走在路边，则应让女士行走在离车道较远的一侧。对待长辈和职位较高者也是一样。

### 3. 进门时

到会议室或办公室门口时，职位较低者应先快步向前把门打开，请同行的上司先进

去，进门后把门轻轻关上。关门时一定要控制住，不要让门"砰"地关上，显得冒失，不礼貌。

### 4. 上下楼时

上楼时，应该让位次高的人走在前面；下楼时，请位次高的人走在后面。

### 5. 搭乘自动扶梯时

在公共场合搭乘自动扶梯时，应保持身体直立，靠右边握住扶手，让出左边一侧的通道给急需快速通过的人。如果几人同时搭乘，不要并排站立，若携带大件物品，可以放在自己前面。

### 6. 搭乘电梯时

搭乘电梯时，应遵循先下后上的原则，先让电梯里面的人出来，然后外面的人再进入电梯，不要硬往电梯里面挤。进入电梯后，尽量站在电梯的两侧及后壁，给别人让出地方，所有人面朝电梯门口站立。如果够不着电梯的指示键，可以请人代劳，并致以谢意，切勿伸长胳膊越过别人的头顶去按指示键。

在电梯内不要大声讨论事情或大声笑闹，不要长时间凝视陌生的同乘者，为了避免尴尬，可以微笑着点头致意。

在写字楼上班，每天都与同一个大厦的人一起乘坐电梯，会经常遇到一些熟悉的面孔，进出电梯时说一句问候语，可以提升亲和力及形象指数。

如果与客户或上司一同搭乘电梯，要遵循让客人或上司先进先出的原则。在进电梯时，扶住电梯门，让客人或上司先进入电梯；在出电梯时，也要扶住电梯门让客人或上司先出，然后再快步跟上，为客人引路。

## 五、握手礼仪

握手是商务场合最普遍、最实用、最适用的礼节。在商务场合，人们见面时伸出右手相握，可表示欢迎、友好、理解、感谢、宽容、敬重、致歉、惜别等各种感情。

握手礼.mp4

### 1. 握手的次序

在商务场合和交际场合，握手时伸手的先后顺序可以总结为一句话——"尊者为先"，即由位次高的人来决定双方是否握手。具体情形如下。

(1) 长者优先：年长者先伸出手，年轻者再伸手相握。

(2) 职位高者优先：职位高的人先伸出手，职位低的人再伸手相握。

(3) 迎客人时先伸手：在别人前来拜访时，主人应先伸出手去握客人的手，以表示欢迎。

(4) 先到者优先：先到者与后到者握手时，先到者首先伸出手。这种情形可以理解为"先入为主"，即先到者已经熟悉了这里的情况，有一种主人的意思，因此见到后到者时，可以以主人的身份先伸山手来表示欢迎。

(5) 女士优先：在社交场合女士先伸出手，男士再伸手相握。但是在商务场合，这个原则服从于职位优先原则。

**2. 握手的基本要领**

握手时双目注视对方，上身略微前倾，向对方伸出右手，手臂自然弯曲，与对方的手掌相握。为了表示真诚和热烈，双方握住的手可以上下摇晃几下。握手的姿势如图 2-22 所示。

图 2-22　握手

握手的时间通常以 3～5 秒为好，亲朋好友久别重逢，握手时间可以长一点。

年轻者对年长者、位次低者对位次高者应稍稍欠身或趋前以示尊敬；男性与女性握手时，可以只轻握一下女性的手指。

坚定有力的握手代表自信、负责任、能够承担风险；诚挚、热情的握手，显示出愿意结识对方，并给人以信任和鼓励感。

握手时掌心向下握住对方的手，显示着一个人的支配欲；反之，掌心向上与人握手，则显得谦虚和恭敬；若伸出双手去捧接，更是谦恭备至；右手与对方的右手相握，左手拍着对方的右臂或肩膀，则表达一种非常热情真挚的情感，同时表示对对方的信赖。

**3. 握手礼的场合**

行握手礼的场合如下。

● 遇到久未谋面的熟人时；

- 在外面偶遇同事、朋友、客户或上司时；

- 在比较正式的场合与人道别时，向客户辞行时；

- 被介绍给陌生人时；

- 自己作为东道主迎送客人时；

- 应邀参加活动见到东道主时；

- 感谢他人的支持、鼓励或帮助时；

- 向他人或他人向自己表示恭喜、祝贺时；

- 对他人表示理解、支持、肯定时；

- 在他人遭遇挫折或不幸时；

- 给他人或他人给自己赠送礼品或颁发奖品时。

**4. 握手时的注意事项**

保持手的清洁。无论男女在社交活动中与人握手时，伸出的应该是洁净的手，握手后，有意无意用手帕或纸巾擦手也是不礼貌的行为。

保持专注的神态。握手时神态要专注，以体现对对方的尊重。不要东张西望，更不可与一人握手的同时，与另一人交谈。

用力太大、太紧的握手，以及只用手指部分触碰对方的那种漫不经心的握手都是不恰当的举止。

多人时不要交叉握手。

男士在握手前应先脱下手套、摘下帽子。

与他人握手时一定要用右手，即使是左撇子，也要用右手与他人相握。这一点在和阿拉伯国家的人见面时尤为重要。如果用左手与之握手，会造成有意侮辱对方的误会，一定要慎重。

# 第四节　表情与言谈礼仪

## 一、表情礼仪

在人们的面部表情中，眼神被认为是人类最明确的情感表现和交际信号，在面部表情中占据主导地位。眼睛具有反映深层心理的特殊功能，人的喜怒哀乐、爱憎好恶等思想情绪的存在和变化，都能从眼睛中显示出来，眼神与谈话之间有一种同步效应，它忠实地显示着说话的真正含义。在交往中不愿进行目光接触，往往让人感觉企图掩饰什么或心中隐藏着什么事；目光闪烁不定会显得精神上不稳定或性格上不诚实；在交谈中，如果几乎不看对方，那是怯懦和缺乏自信心的表现。因此在交谈中，要及时用目光配合

着交谈话题和内容的变换，随着交谈内容相应流露出理解、同意、关注、喜悦、期待、同情等意思。要敢于和善于同别人进行目光接触，这既是一种礼貌，又能帮助维持一种关系，使谈话在频频的目光交接中持续不断。

### 1. 目光注视的范围

人际交往的目光接触大致分为三种情况。

#### 1) 公务注视

这是人们在洽谈业务、磋商交易和贸易谈判时所使用的一种凝视行为。这种凝视是指用眼睛看着对方脸上的两眼和额头中部之间的部位。由于注视这一部位能造成严肃认真、居高临下、压住对方的效果，所以常为企图处于优势的人们所采用，以便帮助他们掌握谈话的主动权和控制权。

#### 2) 社交注视

这是指人们在普通的社交场合中采用的注视区间。这一区间的范围是以两眼为上线，以下颌为顶点所连接成的倒三角区域。由于注视这一区域最容易形成平等感，因此，常常在茶话会、舞会、酒会、联欢会以及其他一般社交场合使用。注视谈话者这一区域，会让说话者轻松自然，因此，他们能比较自由地将自己的观点、见解发表出来。

#### 3) 亲密注视

这是亲人或恋人之间使用的一种凝视行为，这种凝视就是看着对方的双眼和胸部之间的部位。

### 2. 目光的运用

正确地运用眼神，能恰当地表现出内心的情感。在商务场合，不论是见到熟悉的人，或是初次见面的人，不论是偶然见面，或是约定见面，都要用目光正视对方片刻，面带微笑，显示出喜悦、热情的心情。对初次见面的人，还应头部微微一点，行注目礼，表示出尊敬和礼貌。

在集体场合，开始发言讲话时，要用目光扫视全场，表示"我要开始讲了，请注意"。

交谈和会见结束时，目光要抬起，表示谈话的结束。送客人走时，要用目光一直送客人走远，这叫"目送"，以示尊敬、友好。

在交谈中不能一直盯着对方，长时间的凝视有一种蔑视和威慑功能，在一般的商务交往和社交场合不宜使用。研究表明，交谈时，目光接触对方脸部的时间宜占全部谈话时间的 30%～60%。超过这一时限，可认为对对方本人比对谈话内容更感兴趣；低于这一时限，则表示对谈话内容和对对方都不怎么感兴趣。在一般情况下这些都是失礼的行为。

在演讲、报告、发布新闻、产品宣传等场合，讲话者与听众的空间距离大，必须持

续不断地将目光投向听众，或平视，或扫视，或点视，或虚视，才能与听众建立持续不断的联系，以收到更好的效果。

# 二、言谈礼仪

交谈是人们日常交往的基本方式之一，在商务场合与客户或合作伙伴交谈是沟通感情、建立联系、交换信息、协调关系、促进合作的一个重要渠道。

### 1. 选好交谈的话题

1）切合语境

语境即说话的语言环境，它指的是交谈的客观现场环境，包括时间、地点、目的以及交谈双方的身份等内容。商务人士在交谈内容的选择上要切合语境，必须与交谈的时间、地点与场合相对应，否则就有可能犯错误。交谈者的身份也是语境的构成要素之一。商务人士是公司或机构的形象代表，因此交谈内容的选择一定要符合身份，要努力使自己的谈话符合公司的企业文化、符合公司形象，以维护公司利益。

2）因人而异

这是指在交谈时要根据交谈对象的不同而选择不同的交谈内容。谈话的本质是一种交流与合作，因此在选择交谈内容时，就应当多为谈话对象着想，根据对方的性别、年龄、性格、民族、阅历、职业、地位而选择适宜的话题。如果完全不考虑这些因素，交谈就难以引起对方的共鸣，难以达到沟通和交流的目的，甚至出现对立的场面。

3）求同存异

由于交谈各方的性别、年龄、阅历和职业等主观条件不同，交谈中经常会发现彼此有不同的兴趣爱好、关注话题等。遇到此种情况，应当本着求同存异的原则，选择大家都感兴趣的话题作为谈话内容，使各方在交谈过程中有来有往、彼此呼应、热情参与。如果选择了双方都不感兴趣或者只有一方感兴趣的话题，交谈只能是不欢而散。

如果交谈各方在交谈中对某一问题产生了意见或观点的分歧，不妨进行适度的辩论。但这种辩论是建立在理性基础上的，如果谁也不能说服谁，就应当克制自己的情绪，保留歧见。切不可为了强行说服别人而争得面红耳赤，导致不欢而散。

4）内容恰当

作为商务人士，在交谈中应当自觉地选择高尚、文明、优雅的内容，例如，哲学、历史、文学、艺术、风土、人情、传统、典故，以及政策国情、社会发展等话题。不宜谈论庸俗低级的内容，更不应参与道听途说的传播。

在交谈时要有意识地选择那些能给交谈对象带去开心与欢乐的轻松话题，除非必要，切勿选择那些让对方感到沉闷、压抑、悲哀、难过的内容。

交谈的内容应当是自己或者对方所熟知甚至擅长的内容。选择自己所擅长的内容，就会在交谈中驾轻就熟，得心应手，并令对方感到自己谈吐不俗，对自己刮目相看。选择对方所擅长的内容，既可以给对方发挥长处的机会，调动其交谈的积极性，也可以借机向对方表达自己的谦恭之意，并可取人之长，补己之短。应当注意的是，无论是选择自己擅长的内容，还是选择对方擅长的话题，都不应当涉及另一方一无所知的内容；否则便会使对方感到尴尬难堪，或者令自己贻笑大方。

5) 有所忌讳

每个人都有自己忌讳的话题，因此，在交谈时要注意回避对方的忌讳，以免引起误会。特别是在涉外商务交往中，由于中外生活习惯的差异，许多国内司空见惯的话题往往是触犯外国人禁忌的敏感内容，因此，在与外国人打交道时，尤其要注意回避对方忌讳的话题。例如，个人信息、政治倾向、宗教问题等。

6) 适度幽默

在商务场合，谈吐幽默的人往往能够赢得别人的好感，幽默的语言极易迅速打开交际局面，使气氛轻松、活跃、融洽。在出现有意见分歧的难堪场面时，幽默、诙谐便可成为紧张情境中的缓冲剂，使朋友、同事摆脱窘境或消除敌意。此外，幽默与诙谐还可以用来含蓄地拒绝对方的要求，或进行一种善意的批评。

## 2. 善于倾听

倾听是与交谈过程相伴而行的一个重要环节，也是交谈顺利进行的必要条件。在交谈时，认真倾听能够给对方充分的尊重感，如果适度地用表情和举止予以配合，更能够表达自己的尊重和敬意。

不要随意打断别人的讲话。无意识地打断别人的谈话是可以理解的，但也应该尽量避免；有意识地打断别人的谈话，对于谈话者来讲是非常不礼貌的。

适当表达意见。谈话必须有来有往，所以在不打断对方谈话的原则下，也应适时地表达自己的意见，这是正确的谈话方式。这样做还可以让对方感受到，你始终都在注意倾听，而且听明白了。

及时肯定对方。在谈话时，即使是一个小小的价值，如果能得到肯定，讲话者的内心也会很高兴，同时对肯定他的人必然会产生好感。因此，在谈话中，一定要用心地去找对方的价值，并加以积极肯定和赞美，这是获得对方好感的一大绝招。

## 3. 规范语言

1) 语言文明礼貌

礼貌用语是尊重他人的具体表现，是友好关系的敲门砖。在商务交往场合，礼貌用语十分重要。多说客气话不仅表示尊重别人，而且表明自己有修养；多用礼貌用语，不

仅有利于双方气氛融洽，而且有利于促进交易。

在会议、谈判等场合对他人使用敬语除了礼貌之外，还可体现一个人的修养。"请""您""阁下""尊夫人""贵方"等都是敬语的日常用法，另外，还有一些常用的词语用法，如初次见面称"久仰"，很久不见称"久违"，请人指教称"请教"，请人原谅称"包涵"，麻烦别人称"打扰"，托人办事称"拜托"，赞人见解称"高见"等。

2）语言规范准确

在交往中尽量讲普通话，因为每种方言都有自身的表达习惯，往往又包含很多的俚语、习语，在语言交流过程中使用俚语、习语会造成很多不必要的麻烦和误解。

3）语言简洁清晰

在交谈中要保证良好的语言清晰度，说话音量适中，要让人听见、听清，可以适度放慢说话的速度，以使每一个音节都基本完整无缺。在交谈时使用的语言应力求简单明了，言简意赅地表达自己的观点和看法，切忌内容重复，喋喋不休。语言表达简洁清晰不仅能提高工作效率，还可以体现自己的精明强干。

## 雅语与敬语

| | |
|---|---|
| 初次见面用"久仰" | 好久不见用"久违" |
| 请人批评用"指教" | 请人原谅用"包涵" |
| 请人帮忙用"劳驾" | 求给方便用"借光" |
| 麻烦别人用"打扰" | 向人祝贺用"恭喜" |
| 求人解答用"请问" | 请人指点用"赐教" |
| 托人办事用"拜托" | 赞人见解称"高见" |
| 看望别人用"拜访" | 宾客来临用"光临" |
| 陪伴朋友用"奉陪" | 中途先走用"失陪" |
| 等候客人用"恭候" | 请人勿送用"留步" |
| 对方来信用"惠书" | 老人高龄用"高寿" |

### 4. 保持正确的礼仪距离

如果交谈时与对方离得过远，会使对话者误认为你不愿向他表示友好和亲近，这显然是失礼的；如果距离太近，会让对方有压力或不适。因此，从礼仪角度来讲谈话时要

保持一定的距离。由于人们交往性质的不同，个体空间的限定范围也有所不同。一般来说，关系越密切，个体空间的范围划得则越小。美国人类学家爱德华·霍尔博士认为，根据人们交往关系的不同程度，可以把个体空间划分为4种距离。

1) 亲密距离

这种距离是人际交往中最小的间距。介于 0～15cm 之间，彼此可以肌肤相触，属于亲密接触的关系，常用于情人、亲友关系之间。介于 15～45cm 之间，这多半用于兄弟姐妹、亲密朋友之间，是个人身体可以支配的势力圈。在一般的商务活动中，不需要与客户相距如此之近，也不要随便进入这一界域。

2) 个人距离

这种距离介于 50～120cm 之间，适用于较为熟悉的人们之间，可以亲切地握手、交谈。如果你想与客户建立一种融洽的关系，应把握机会，设法循序渐进地进入他的个人区域。

3) 社交距离

介于 120～360cm 之间，是会晤、谈判或办理公务所采用的距离；由于身份的关系与部下之间的交谈也需要保持一定的距离。

4) 公众距离

介于 360～750cm 之间，这种距离使人际沟通的机会大大减小，很难进行直接交谈。如教室中的教师与学生、小型演讲会的演讲人与听众的距离。所以在讲课和演讲时用手势、动作、表情，以及使用图表、字幕、幻灯等辅助工具都是为了拉近距离，以加强沟通效果。

# 思考与练习

一、单选题

1. 以下男士站姿符合商务人士形象的是(　　)。

   A. 双脚分开与肩宽，两肩平整，腰背挺直，挺胸收腹，两手在腹前交握

   B. 双手叉在腰间

   C. 身体倚靠在门上

   D. 双手放在裤袋里面，双脚交叉

2. 男士在正规隆重的商务场合，规范的着装是(　　)。

   A. 藏蓝色两件套西装　　　　　　B. 棕色两件套西装

   C. 单件西装+牛仔裤　　　　　　D. 大格纹两件套西装

3. 女士参加公司的重要会议，以下服饰或配饰不合适的是(　　)。

    A. 黑色中跟船型皮鞋　　　　　　　B. 浅灰色西装套裙

    C. 运动鞋　　　　　　　　　　　　D. 手表

4. 男士西装左上侧的口袋主要是装饰功能，除可以放置(　　)以外，不宜再放其他东西。

    A. 口袋巾　　　　B. 钢笔　　　　C. 钱包　　　　D. 眼镜

5. 用领带夹把领带固定在衬衫上时，领带夹的位置一般在衬衫从上往下数(　　)之间。

    A. 第4粒、第5粒纽扣　　　　　　B. 第1粒、第2粒纽扣

    C. 最后一粒　　　　　　　　　　　D. 都可以

6. 穿西装时，搭配正装皮鞋时，不能穿(　　)袜子。

    A. 白色　　　　　B. 深蓝色　　　　C. 深灰色　　　　D. 黑色

7. 女士穿(　　)的鞋子比较适合商务场合。

    A. 中跟船型皮鞋　　　　　　　　　B. 高筒皮靴

    C. 有跟的皮拖鞋　　　　　　　　　D. 中跟凉鞋

8. 在商务场合和交际场合，握手时伸手的先后顺序讲究颇多，其基本规则可以总结为一句话：(　　)。

    A. 年少者先伸手　　　　　　　　　B. 女士先伸手

    C. 男士先伸手　　　　　　　　　　D. 职位高的一方先伸手

9. 与他人握手时，必须用(　　)。

    A. 右手　　　　　　　　　　　　　B. 左撇子可以用左手

    C. 左右手均可　　　　　　　　　　D. 双手

10. 主客双方见面握手时，以下哪种做法是错误的？(　　)

    A. 男士戴着手套握手　　　　　　　B. 神态要专注

    C. 男士要摘下帽子　　　　　　　　D. 要看着对方

## 二、讨论题

1. 什么是着装的"TPO"原则？

2. 简述男士单排扣西装扣子的系法。

3. 为什么在与人交谈时要善于倾听？

## 三、训练题

1. 掌握至少两种领带领结的打法。

2. 站姿训练：

个人靠墙站立，要求后脚跟、小腿、臀、双肩、后脑勺都紧贴墙，每次训练 5～8 分钟，每天一次。

在头顶放一本书保持水平，颈部挺直，下巴向内收，上身挺直，每天训练 5～8 分钟，每天一次。

3. 坐姿训练：

按坐姿基本要领，重点训练脚、腿、手的放置，每天训练 5～8 分钟。

# 第三章　商务交往礼仪

**本章导读：**

本章从不同场景对商务活动中常见的交往礼仪进行阐述，从交往之初的介绍礼仪、名片礼仪和电话礼仪开始，包括名片、电话的恰当使用以及接待与拜访中涉及的礼仪规范，使人们能够顺利地与商务伙伴建立合作关系，达到良好的沟通效果。特别是从事跨国商业活动的人们，更要认真学习国际商务交往惯例，熟悉不同文化背景下的礼仪文化差异。

## 第一节　介　绍　礼　仪

## 一、商务场合的称谓礼仪

称谓是人们在日常生活和社会交往中彼此之间使用的称谓语，它是谈话的敲门砖。用什么名称与对方打招呼，反映了双方的关系。在比较正式的场合，称谓的正确使用可以体现个人良好的修养和对对方的尊重，有助于谈话的顺利进行。

### 1. 称谓的种类

目前运用比较广泛的称谓主要有以下几种。

**1) 职务性称谓**

这是在商务场合最常见的称谓方式，目的是通过强调对方的行政职务来表示对对方的敬意与尊重。通常是在职务前加

商务交往中的称谓礼仪.mp4

上姓氏，如张总经理、刘董事长等。如彼此关系比较密切或对方在所属部门身份具有单一性也可省去姓氏，直接称呼总经理、董事长等。在英语中，职务性称谓多用于正式场合，而对于地位高的外宾可以在职务后加上"先生"或"女士"，如"董事长先生"等。

**2) 职称性称谓**

在需要突出对方专业技术地位时，尤其对具有高级、中级职称者，通常采取姓氏加职称的称谓方式，如王教授、赵工程师(或简称赵工)等。

**3) 行业性称谓**

在汉语中，有时也可以按对方所从事的在大众心目中有地位的职业进行称谓，来体

现尊敬之意，如杨老师、刘大夫、周律师、王警官等。

4) 性别性称谓

在国际交往或是在书写信函公文时，对女性的称谓比较复杂，可以称呼未婚女子为小姐(Miss)，称呼已婚女子为夫人(Mrs.)。若未弄清对方婚否，千万不要乱称呼，可以统称为女士(Ms.)。在汉语中，除了可采用以上称谓方式外，还有一些中性称谓语，如同志、师傅等。

5) 姓名性称谓

在工作岗位中，可以直接称呼对方姓名。一些国际化企业更习惯直接称呼英文名字。或者也可省略名字而在姓氏前加上"老""大""小"来区别年龄，如小刘、老王等。若是上级称呼下级时，也可直呼其名，省略其姓，这样的称谓显得更加亲切自然，可拉近彼此的距离。在商务交往中，最明显、最简单、最重要、最能够得到好感的方法就是记住别人的名字。

**2. 称谓要遵循的原则**

在商务场合的称谓礼仪中，主要遵循的原则是"入乡随俗"。交往对象可能来自不同的国家，因此，要照顾被称呼者的习俗，当不能确定如何称呼时，也可以直接向对方询问，切勿贸然行事。

在英、美、法等国家，一般名在前，姓在后，妇女在婚后冠夫姓。正式场合中应用其全名，口头称谓一般称姓，关系密切的人才直呼其名。

德国人十分注重礼节、礼貌，做事很严谨，初次见面一定要称呼其职衔。

日本、朝鲜、韩国等亚洲国家的姓名习惯与我国基本相同，姓在前，名在后。一般口头称呼姓，正式场合呼全名。

对阿拉伯人，一般称"先生""女士"即可。但要注意，与该国妇女接触时不宜主动与之打招呼，多数情况下只需微笑或点头示意即可。

各个国家的社会习俗和称谓方式不尽相同，在接触前最好先查看有关资料，以免引起对方不满或闹笑话。

**3. 称谓的禁忌**

在商务交往中，为了在称呼中不失敬意，要注意一些称谓上的禁忌。正式场合不要使用绰号和庸俗的称呼，如称呼哥们儿、大腕儿、老头儿等；不要滥用行业性的称呼，如师傅、老板等。

# 二、商务场合的个人介绍

在商务场合，结识朋友、洽谈工作、创造商机都少不了介绍。介绍是交往双方通过

一定的方式相互结识，并对对方有初步了解，从而消除彼此间距离的一种最简单、快捷的方法。恰当的介绍能给对方留下良好的第一印象，为今后进一步交往打下良好基础，同时可能创造出意想不到的商机。

#### 1. 自我介绍

自我介绍是指在没有中介人的情况下，自己主动向对方说明自己的姓名、工作等信息，使他人认识自己。

自我介绍礼仪.mp4

1) 自我介绍的场合

- 参加聚会、舞会、宴会等社交场合，想要多结识些朋友，扩大自己的社交圈子，需要向别人进行自我介绍。
- 初次前往他人办公场所登门拜访时可以简单地作自我介绍，表明自己的身份。
- 商务谈判或业务洽谈时需要进行简单的自我介绍。
- 求职应聘、求学时一般会被要求先作自我介绍。
- 出席大型会议且被要求作出发言时应礼貌性地作简短的自我介绍。
- 与久仰的人士不期而遇，而对方不认识你时，可用自我介绍的方式来礼貌地与对方结识。

2) 自我介绍的基本做法

自我介绍时应面带微笑，眼神亲切自然，充满信心，声音平和，先向对方点头致意，得到对方回应后再开始介绍。例如说："您好，我叫李刚，很高兴认识您。""各位嘉宾、各位朋友，大家好，我是来自广州分公司的张红，很荣幸参加本次大会。"

自我介绍时除了用语言以外，还可以用名片、介绍信、工作证等证明自己的身份，作为辅助介绍，以增强对方对自己的信任和了解。

3) 自我介绍的顺序

- 职位高者与职位低者相识，职位低者应该先作自我介绍。
- 男士与女士相识，男士应该先作自我介绍。
- 年长者与年轻者相识，年轻者应该先作自我介绍。
- 资深人士与资历浅者相识，资历浅者应该先作自我介绍。

4) 自我介绍的注意事项

自我介绍时应该简明扼要。介绍的内容一般包括姓名、工作单位、职务即可，避免夸夸其谈或言过其实，时间应控制在一分钟以内。

选择恰当的时机。一般应选择对方心情愉快、有兴趣认识自己且手头工作不忙时进行自我介绍，若时机不当反而会劳而无功。在不确定对方是否有意认识自己时，最好积极地加以试探，体会对方的反应，否则会引起对方的反感。

### 2. 经人介绍

经人介绍又叫作他人介绍，是指通过第三方为彼此不相识的双方互相引荐的一种交际方式，这种介绍为陌生人之间架起认识和了解的桥梁，经人介绍时通常要对双方分别进行介绍。经人介绍时介绍人和被介绍人一般都应站立，介绍人要尽量站在双方的中间，面带微笑，抬起右臂，掌心向上分别指向被介绍人。

经人介绍礼仪.mp4

1) 经人介绍的顺序

在介绍两人相互认识时，总的要求是"尊者优先"，位次高的人有权优先了解对方的情况，因此要先把被介绍人介绍给身份和地位较高的一方，以示尊重。在口头表达上，是先称谓尊者，再为其介绍对方。

(1) 先把职位低的人介绍给职位高的人。例如："李董事长，这位是财务部的小刘。"

(2) 先把年轻者介绍给年长者。例如："高老，让我来介绍一下，这位是我们公司新来的司机李明。"

(3) 先把男士介绍给女士。例如："张小姐，我来给你介绍一下，这位是光明公司的赵先生。"

(4) 先把家人介绍给同事或朋友。例如："Mary，我想请你认识一下我弟弟王华。"

(5) 先把聚会上的后到者介绍给先到者。例如："韩总，这位是刚从公司赶过来的周经理。"

2) 经人介绍的内容

在一般情况下，为他人介绍时，介绍者应该是聚会的主人、商务活动的接待人员或与被介绍双方均相识的人。由于实际情况的不同，为他人作介绍时内容也不尽相同。一般会有以下几种。

(1) 简单式。在一般的聚会或社交性场合，只介绍双方的姓名，有时甚至只提到双方姓氏而已。例如："我来介绍一下，这位是郑先生，这位是高女士。"

(2) 标准式。这种方式需要介绍的是双方的姓名、职务和单位，是公务场合常用的一种方式。例如："二位，请允许我介绍一下，这位是泰安保险公司人力资源部赵主任，这位是远洋贸易公司海外部主管刘女士。"

(3) 引见式。介绍者的工作是将双方聚在一起，并引起对话。例如："两位认识一下吧，大家都是同行，以前还是校友，接下来请自己介绍一下吧。"

(4) 推荐式。这种方式的介绍者往往会特别强调其中一方的优点，促成双方的认识。例如："刘董事长，这是公司营销部的方经理，方经理虽然年轻，但是做市场很有

经验，上次那两个大客户就是他谈下来的。"

3）注意事项

（1）注意场合。在为双方进行介绍时要注意当时的时机和场合，比如，在机场接机刚见面时、见面人数较多时可以先作简单介绍，不能拘泥礼节，拖延时间，让双方感到不便。另外，要尊重双方的介绍意愿。介绍人想介绍双方认识时，应先征得双方同意，不能自作主张或是勉强不情愿的一方。

（2）切勿厚此薄彼。要尽量做到介绍双方的内容和所用时间基本均衡，不要特别抬高一方而冷落另一方，让后者觉得低人一等。也不要突出强调自己与一方的密切关系，让另一方和自己之间产生距离。

（3）注意所用时间。在不确定被介绍人双方是否有要和对方进一步发展关系时，介绍内容应简明扼要，不要滔滔不绝，以免引起反感。

# 三、商务场合的集体介绍

集体介绍是他人介绍的一种特殊形式，被介绍者一方或双方都不止一人，一般分两种情况：一是为一人和多人作介绍；二是为多人和多人作介绍。

## 1. 集体介绍的时机

在以下情况，比较适宜采用集体介绍的形式。

- 规模较大，有多方参加的社交聚会、宴会。
- 大型会议、公务会见、涉外交往活动。
- 演讲、报告、比赛，参加者不止一人时。
- 接待参观、访问者，来宾不止一人时。

## 2. 集体介绍的顺序

与其他介绍方式一样，集体介绍也应讲究一定的顺序。

（1）单向介绍。在演讲、报告、比赛、会议、会见时，只需要将主角介绍给众多观众，而没有必要一一介绍广大参加者。

（2）在作集体介绍时，应该按照级别的高低，由高到低作介绍，这一点和个体之间的介绍正好相反。具体操作的时候，可以按照负责人身份高低、单位规模大小、抵达会议时间的先后顺序、距介绍者的远近、座次顺序或者单位名称的英文字母顺序等方式灵活进行。

# 第二节 名 片 礼 仪

## 一、名片的功能

### 1. 名片的作用

名片是商务交往中最常用到的工具，向他人递送名片等于告知对方自己的姓名、身份和联络方式。精美的名片能够给人留下深刻的印象，展现个人风格。在商务交往中，名片不仅有自我介绍、作为公司的招牌和进行业务宣传的作用，还有其他多种用途。

由于现代人公务繁忙，有时不能亲自前往，此时可以向友人寄送或托送礼物或鲜花，将自己的名片随附其中，这样不仅表明了身份，而且提升了对此事的重视程度。

当拜访的对象不在时，可以将自己的名片留下，上面写上简要的留言，如"很遗憾，未能与您一见"等，表达自己的遗憾和希望再次见面的愿望。

如果自己想要介绍他人与自己的友人相见，可以将自己的名片和被介绍者的名片一并送达，但更礼貌的做法是先用电话告知友人，否则会显得唐突。

迁居、调任或变更电话，应及时送给好友一张注明变动情况的名片。

### 2. 名片的内容

名片应包括以下个人基本信息：姓名(通常在中文名字下面加上汉语拼音，防止生僻字给别人带来麻烦)、职务、公司名称、公司标识、专属商标或服务标识、公司地址、电话号码、传真号码、移动电话号码、电子邮件地址、微信等。如果经常参加涉外交往活动，应在名片的反面用英文印出正面的中文信息。

### 3. 名片的种类

商业名片，是以企业的营利为目的，以体现企业的信息为主，名片上除了包括一般的信息以外，还要加上公司的经营项目、企业口号等内容。此类名片上一般不包括个人的家庭信息，以示"公私分明"。

公用名片，以政府机关或社会团体对外交往为目的。

个人名片，主要用于结交朋友或联络感情，用作自我介绍与保持联络。

### 4. 名片的设计样式

商务名片一般有较固定的规格，根据排版方式可分为横式和竖式名片。

两种版式是有区别的，横式的行序是由上而下，字序从左到右。

- 第一行顶格书写持片人的单位名称。

- 第二行是持片人的姓名，用较大字号写在正中间。有职务、职称或学衔的，通常用小号字标在姓名下方的右侧。
- 第三行是持片人的详细信息，如电话号码、地址及电子邮箱地址等。

而竖式版式大多为行序由左到右，字序为从上到下。

### 名片上单词的含义

西方人在使用名片时通常在名片上写上几个法文单词的首字母，来代表不同的含义，具体如下。

*p.p.：意即介绍，通常表示把一个朋友介绍给另一个朋友，用于向对方介绍某人。

*p.f.：意即祝贺，用于庆祝各种节日或固定纪念日。

*p.c.：意即谨唁，用于凭吊、追悼时使用，以表示慰问。

*p.r.：意即谨谢，在收到礼物、祝贺、吊唁或受到款待后表示感谢。它是对收到"p.f."或"p.c."名片的回复。

*p.p.c.：意即辞行，用于调离、离任等场合，向他人告别时使用。

*p.f.n.a.：意即恭贺新禧，在新年之际互相问候时使用。

*p.p.n.：意即慰问，用于问候病人的身体状况。

*p.m.：意即备忘，用于提醒对方注意某事。

## 二、名片的递送

在商务交往场合使用名片是一种基本的礼节，主要涉及名片的递送、名片的接收和名片的交换。对于商务人员，应熟练掌握这些技巧。

### 1. 递送名片

向他人递送名片时，面带微笑，目视对方，将名片正面朝上，让名片上的姓名朝向对方，用双手或右手递送给对方。递上的同时应略道谦恭之语，例如："王总您好，我叫陈玉，这是我的名片，请多指教。"或"小李你好，这是我的名片，希望今后我们常联系。"递送名片姿势如图3-1所示。

递名片要把握好时机，可以在刚见面时、交谈结束时或谈兴正浓时递送名片。

两人交换名片时，也应遵循"尊者优先"的原则，即位次较低者先向位次高者递送；男士先向女士递送；年轻者先向年长者递送。

图 3-1　递送名片

在一人需将名片递送给多人时应按位次顺序进行，先将名片递给职位较高者或年龄较长者，或者是按照座次的"由近及远"依次进行，不讲任何顺序是不礼貌的。

经常参加商务交往的人士应当有意识地准备好自己的名片，以免和他人交换名片时出现"囊中羞涩"的状况。

### 2. 接受名片

接受他人递送过来的名片时，也应遵守一定的礼仪规范，从而表现出自己的认真友好之意。接受他人递过来的名片时，应尽快起身，面带微笑，点头致意，用双手或右手接过，并说"谢谢""能得到您的名片，深感荣幸"等。不能只用左手去接名片。

在接过名片后，不能一眼不看就收起来，要当着对方的面从头至尾认真将上面的内容在心里读一遍，有不清楚的地方可以当面请教。

收到他人名片后，切不可在手中摆弄或将其随意放置在桌上，用水杯等压住，这是不尊重对方的表现，会引起对方的反感。

古人云：来而不往非礼也。当收到别人的名片后，应立即回递自己的名片，否则会给对方一种无意与之继续交往之意，从而引起对方不快。若忘带或尚无名片，可向对方致歉或告知改日再补。

### 3. 索取名片

在商务交往场合向他人递送名片不仅表达了对对方的尊重之意，也可以达到换取对方名片、得到对方联络方式的目的。如果对方没有主动递送名片，而自己又特别想得到对方的名片，可以直截了当地向对方索取。索取名片常用的方法有以下几种。

直接发问法。这种方法是一种非常果断、直接要求与对方进行交换的方法。例如："您好，这是我的名片，能否有幸与您交换一下名片呢？"或"如果方便，能否请您给我一张名片？"

谦恭法。此种方法多用于向地位较高或是年长者索取名片。例如："王总，以后我该如何向您请教呢？"

# 第三节 电 话 礼 仪

## 一、拨打电话礼仪

### 1. 选择环境，注意时间

打电话时应尽量控制在 9:00—11:00 及 14:00—16:00，这段时间是人们办公效率最高的，在这段时间通话效率更高。

电话礼仪.mp4

在拨打对方电话时，一定要选择合适的通话环境和通话时间。以嘈杂的吵闹声、电视声、婴儿哭声等为通话背景音是不礼貌的，容易使对方产生背景环境的联想，影响通话质量。

即使是私人电话也应避开对方休息的时间，尽量不要在早上 8:00 之前或晚上 10:00 之后；也最好不要打扰对方午餐和晚餐的时间。如遇特殊或紧急情况，急需在清晨、深夜、用餐时间与对方通话时，则应先致歉意。

在一般情况下，电话沟通的时间不宜过长，以 10 分钟之内为佳。假如确实需要进行长时间的谈话，最好在通话之初先行告知对方，征求其同意，以免对方有其他安排；另外，提前预约通话也是个很好的办法。

拨打国际长途电话时，特别需要提前算好时差。如在错误时段给对方打电话会引起对方不满，很可能达不到原本的通话目的。

等待对方接听电话时，一定不要让电话响得太久，5～6 声后，若仍无人接听应挂断电话，以免打扰到电话另一方周边的人。

### 2. 言语礼貌，内容紧凑

接通电话后，应先向对方问好，再自报家门，一般包括姓名、公司名、通话事由。例如："您好，我是美华公司人力资源部主管陈红，请帮我找一下贵公司总经理赵刚先生，谢谢！"。万一拨错电话，一定要礼貌地道歉，绝不可"啪"的一声就挂断。

给他人打电话，特别是打电话给重要人物时一定要提前列出一个提纲，拟出通话要点，整理好说话的顺序，并准备好纸笔，以便随时记录要点。

### 3. 结尾寒暄，有序挂断

通话结束时，一般由打电话者使用简洁的告别语，例如，"谢谢您，再见！""那我们有时间再联系，再见！"应特别注意的是，挂断电话时应轻放听筒，以免对方误解。挂断电话是要讲顺序的，其一般顺序如下。

如果是平辈或同级别间通话，主动打电话一方要有礼貌地先挂断电话，接电话方再挂断。

如果与上级、长辈通话，无论自己是发话人还是受话人，都应该等对方先挂断后自己再挂断。

## 二、接通电话礼仪

### 1. 及时接听，礼貌应答

在工作时间打过来的电话一般都是比较重要的，关系到顾客关系的维系和生意的成败，因此，绝不可怠慢。接听电话的最佳时机是在电话铃响 2～3 声时，这样既不会让对方感到突然，又不会让其久等。

拿起听筒后应先向对方问好并自报家门，例如："您好，这里是新地贸易公司，请问您找哪位？"即使在接听错打的电话时，也要和气地告知对方，不可表露出愤怒和不耐烦的情绪。

### 2. 认真倾听，做好记录

一定要养成接听电话时做记录并在最后将要点进行核对的习惯，尤其在接听重要电话时。无论手头工作多忙，也不能拒绝代来电者找人，切忌只说"不在"或"打错了"，就立即挂断。若被找的人当时不在，要询问对方是否需要帮助留言，若对方同意，一定要认真记录，及时转告。

### 3. 注意场合，保持仪态

一般情况下，尽量不要在办公场合拨打私人电话，但若家人或朋友主动打来，接听时应轻声交谈，长话短说，以免耽误自己工作和干扰他人。

### 4. 结束通话，礼貌挂断

结束通话时可以按照前面讲述的礼仪规范挂断电话，但是如果自己恰巧有急事，需要中止通话时，应礼貌地向对方说明原因，请求对方谅解，并告知对方自己一有时间马上回电。

## 三、注意"电话形象"

"电话形象"是指我们在通话时留给对方的印象。虽然在通话时彼此看不见对方，但是，通过电话的声音与交谈内容，一个人的知识、教养、态度也能够让对方感受到。为了塑造良好的电话形象，在通话时，尽量面带微笑，态度谦恭，语气热诚，语调温和，音量适中，快慢适当，措辞准确，语言简洁，显示通话人的风度和亲和力。在通话

时也要注意身体语言，懒散的体态，边打电话边看电脑，或边打电话边吃东西，对方都能够感受到漫不经心的语调中缺乏专注和认真。电话形象对比如图 3-2 所示。

图 3-2　电话形象对比

## 四、手机使用礼仪

### 1. 手机的携带

使用手机的目的是保证自己与他人联络的通畅，因此，商务人士应将手机随身携带并放在方便拿取的地方，不能在公共场合因找不到手机而让其响个不停，也不能因为电池电量不足或忘记携带而造成联络不畅。携带手机时，应将其放在正确的位置，男士的手机要放在西装的内侧衣袋或公文包中，女士的手机要放在手袋内。切勿把手机挂在皮带、脖子上，也不要总放在手里。

### 2. 使用手机的禁忌

手机虽然能给人们带来便利，但并不是在任何场合都适宜使用手机。

参加商务会议、宴会、庆典时应尽量将手机关闭或调成振动、静音状态。

在剧院、电影院、餐厅、图书馆、病房和医疗设备室内接打手机也不合适。如必须通话应避开众人后压低声音通话，也可采用微信文字等方式进行联络。

飞机起飞和降落时、在加油站加油时、驾驶车辆时绝对不可拨打手机。

来电铃声的选用不可过分怪异或夸张，否则会给人不成熟、不稳重之感。

不随意向他人借用手机。

# 第四节　商务往来礼仪

## 一、接待礼仪

《论语》里讲："有朋自远方来，不亦乐乎？"我国自古以来就有广交朋友、热情好客的美德。对于现代企业来说，接待来宾是最常见的商务活动之一。因此，了解并熟悉规范的接待礼仪，让来访客人感到被尊重、体会到主人的诚意是至关重要的。

### 1. 接待准备

无论来访的客人是初次访问者还是熟识的业务伙伴，接待方人员都要怀有诚恳的待客之心，详尽地掌握客人的基本情况，包括姓名、性别、职务、人数、来访目的、到达日期等信息，以便提前做好接待准备。

1) 布置接待环境

接待来宾，特别是招待贵宾时，必须提前对接待环境进行精心布置。选用的房间最好自然光源充足，如果自然光线不足，要及时打开人造光源，但是要注意光线不要过于刺眼。

控制室内的温度很重要。人们感觉最为舒适的温度是24℃左右，高于这个温度10℃，人们会感觉燥热；低于这个温度10℃，人们会感觉寒冷，所以在条件具备的情况下，接待环境的最佳温度为24℃左右。

人们感觉最适宜的湿度是相对湿度为50%，如果相对湿度高于90%，会让人感到潮湿、闷热；如果相对湿度低于10%，则会使人感到干燥。所以接待环境的相对湿度要控制在50%左右，可以通过绿色植物和加湿器来调节湿度。

商务接待环境不一定要奢华，整洁大方即可。要保持环境的安静、清洁、无异味。玻璃、桌椅都要擦干净，可以在室内或走廊铺放地毯，以降低噪音。室内用品要摆放整齐，暂时不用的物品要有序地将之"藏起"，并保证需要时可以找到。要提前备好茶具、茶叶、饮料、烟灰缸、纸巾、便笺纸及笔等常用的物品。

2) 安排接待人员

接待人员一般包括：机场、车站的迎送人员；参与会见、洽商与谈判的人员；住宿、餐饮、交通等事务的处理人员；现场参观、考察的陪同人员等。

接待人员应选派工作热情高、善于与人沟通、熟知本企业的基本情况并了解与对方企业的业务情况、与来宾人员级别相当的职员。在选择好人员后，应及时布置好每项具体的接待工作。

需要注意的是，所有的接待人员应当注重个人仪容仪表的整洁与端庄。必要时可以穿着统一的制服。目光神情尽量表现出友善之意，始终保持微笑，言语平和而热情。

3) 确定接待规格

在接待来宾之前应制定好接待规格。一般情况下，主陪和主宾的级别应该相当，但是也有特殊情况：一种是主陪级别高于主宾级别，接待方通过这种方式来表达对来访客人的高度重视；另一种是主陪级别低于主宾级别，一般在上级领导或总公司负责人视察下级或分公司的工作时，接待方的级别显然要低于来宾的级别，对于这种情况，要更加充分地做好准备工作。

4）制定接待日程

比较正式的接待一般要拟定活动日程表。具体事宜也可与对方联络人员提前协商，作为东道主，要尽量满足对方的合理要求，尽到主方的义务，有利于增进彼此之间的感情，更好地沟通。

5）编制经费预算

要对接待的经费进行预算。作为企业的员工，应该在保证对客人热情款待而又不失体面的情况下，尽可能地为企业节约开支。预计可能产生的费用有交通费、餐饮费、住宿费、礼品费、场地租赁费(视情况而定)等。在编制经费预算时要严格遵守相关规定，厉行节约，反对浪费和奢靡之风。

6）处理无预约拜访

客人来访前一般都会提前预约，这样做不会显得唐突或让主人感到措手不及。但有时也会遇到不期而至的客人，作为主方的接待人员，应立即放下手头工作，热情接待客人，不能由于对方影响了自己原本的计划而表露出不满情绪，更不能以任何理由让客人久等，甚至将其拒之门外。如确有不便，可安排他人代为招待，并致歉意，以免让对方觉得受到冷落。

## 2. 接待过程

1）接站时的礼仪

作为东道主，主方有必要到车站、机场迎接远道而来的客人，做好接站工作，让客人有宾至如归的感觉。负责人员应在客方出发前再次确认到达的具体时间，可提前派专人、专车前往等候迎接。如有外国宾客，应安排翻译陪同。另外，要做好接站牌，以方便客人辨识。

2）见面时的礼仪

- 问候。当双方见面并确认后，主方人员应主动微笑问好。例如："您好，我是公关部的孙娜，代表公司来迎接您。""李先生您好，欢迎您的到来，一路辛苦了！"

- 握手。在发出寒暄的同时，主方人员应主动走上前去与对方握手。

- 照顾行李。当客人有大件行李时，应主动帮助提携，但勿伸手去取客人随身的小包和外套，那样是不礼貌的。

3）乘车时的礼仪

派车迎接时，车内要安排主方陪同人员，按照职务高低来安排乘车顺序，请对方的主宾乘坐第一辆车，其他人员依次乘坐后面的车辆。

乘车时座位的安排也是有讲究的，按照开车人的身份和车的类型不同又有不同的安排方式。

情况一：专职司机开车时，不同类型车辆的座位安排如图3-3所示。

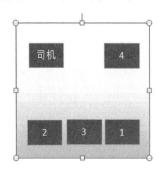

图3-3　专职司机开车时不同车辆的座位安排

情况二：主人亲自驾车时，客人应以礼回敬，此时客方位次最高的客人应主动就座于副驾驶的位置，体现平等、友好、尊重之意。安排如图3-4所示。

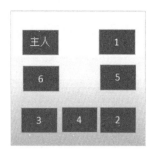

图3-4　主人亲自驾车时不同车辆的座位安排

最后还需注意的是，若不是非常郑重的场合，则没有必要墨守成规，只要做到主随客便即可，客人坐哪里，哪里即为上座。要做到"恭敬不如从命"，不要试图指出或要求其换座，这样会使客人感到难堪。

4) 引领时的礼仪

在行进间引领客人时，接待员应走在客人的斜前方，也就是说，始终走在客人的外侧并与之保持大致一米左右的距离。在走路过程中接待人员稍转向客人一侧，并同时做到以下几点。

- 观察并配合客人的步伐。
- 到转弯处时伸出外侧手臂为客人指示方向。
- 边走边向客人发出言语提示："请您这边走""请您注意脚下""这边是我们的实验室，那边是我们的休息室"。

5) 就座时的礼仪

到会客室或办公室后，要引导客人就座，用手势示意客人，请客人坐在尊位或上

座。在会议室里，确定上座的办法有以下几种。

- 面门为上，面朝房间门口的位置为上座。
- 依景为上，背靠会议室背景墙的位置为上座。
- 居中为上，居于会议室中间的位置为上座。
- 以远为上，离房间门口较远的位置为上座。
- 涉外活动以右为上，主人右手边的位置为上座。
- 佳座为上，较舒适的座位为上座。

如果客人自行选择座位坐下，这时最好尊重客人的选择，不要刻意去纠正。

6）奉茶的礼仪

为客人奉茶时，要用干净的水杯，从茶叶罐中取茶叶时不要直接用手去抓，要用专门的茶匙取茶叶或者直接轻轻倾倒茶叶罐中的茶叶到茶杯，如果不止一位客人，要注意几个杯中的茶叶数量基本一致。沏茶时水斟至七八分满即可。

客人在会议桌边就座会谈时，一般从客人的右后方奉上茶；客人在沙发上就座时，从客人的前方奉茶。以左手托杯底，右手握住杯身三分之一处，手指不要触及杯口，放置到客人的右前方，说"请用茶"。用有柄茶杯时，要注意茶杯柄要朝向客人右手边，让客人顺手。

奉茶时一般按照职位的高低顺序奉茶，注意先客后主。

### 3. 送客离开

送客是接待工作中的最后一个环节，如果处理不当会显得虎头蛇尾，影响前面给对方留下的好印象。

对于主人来说，不应主动流露出送客之意，应由来宾先行提出。主人应在客人起身后方可起身相送，话别时可以对双方的合作表示满意，对今后双方往来寄予希望，并欢迎其再次光临，同时可赠予对方一些纪念品或小礼物，注意话别的时间不宜过长。

送客时由主宾带领一同送客，主宾在前，随从居后，目送送行车辆远离视线后才可离开。

## 二、拜访礼仪

在日常的商务交往中，人们除了要接待来访的客人外，也会经常前往对方工作地点甚至私人居所进行会面。拜访是一种常见的商务交往方式，其目的在于沟通感情，加强联系，以便日后更好地发展业务伙伴关系。因此，要使对方对自己增加更多好感，应特别注意这方面的礼节。

### 1. 拜访前的准备

1) 选择恰当的时间

商务拜访是一个向对方展现良好个人修养和得体办事方法的良好机会，因此要在拜访之前做好准备。首先要考虑的是应在何时去拜访对方。一般来说，周一是人们最紧张的一天，对于有些部门，月末的一天也是如此。所以如果想拜访他人最好避开这几天，否则拜访效果可能会打折扣。

2) 事先预约

约定好拜访的时间是非常必要的，这点在拜访礼仪中是极为重要的一条，提前预约可以方便对方安排自己的日程，体现对对方的尊重。不经预约会使对方感到措手不及，如果对方正好外出或正在开会，也会浪费拜访者自己的时间。尤其不宜在进餐和休息时间打扰对方。

此外，还要约定好拜访的地点。一般商务往来关系的拜访都是将地点定在办公场所。但如果双方关系比较密切，也可约在主人家中会面，这样也能体现出主人对客人的信赖和欢迎程度。

应提前告知对方将去拜访的人员情况，包括到场的人员身份与人数。不要将不受主人欢迎的人员安排在内，尤其是到私人居所拜访时，否则会让主人感到反感。在告知主人后，临时增加或减少拜访人员也是不礼貌的。

3) 准备合适的礼物

拜访时最好事先准备一些礼物，这样会使对方感到更加愉快。

4) 注重仪表

拜访前应对自己的仪容仪表进行适当的修饰。整理好头发，换上整洁的衣服，特别是要保证鞋袜的干净。因为到家中拜访时很可能需要换上拖鞋。发型蓬乱、满身尘土、袜子上有破洞、脚上有异味等都会严重影响个人的形象。

5) 准时赴约

应邀到他人家中做客不能迟到，如遇特殊情况，应尽早通知对方，诚恳致歉并解释原因。可以适当提前几分钟到达，但也不宜过早，因为这样会打扰主人的准备工作。

### 2. 拜访的过程

1) 先行通报

在到达拜访地点后，应自报家门。不能不经敲门就擅自入内。敲门时不宜过于用力或显得十分急促，需要按门铃时也应试探性地去按，不能让门铃声响个不停。若门外装有摄像头装置，应在摄像头前露出自己的脸，以便让主人看清楚。

2) 问候与介绍

进门后与主人会面时，应脱掉手套、帽子，主动向对方问好。若是初次见面，则应先自我介绍。如果在拜访时有其他客人或主人的同事、亲友在场，向这些人问好也是不可忽视的环节。

3) 应邀就座

在进入室内后，要等待主人安排座位。绝不可自己主动找座位坐下，更不能自行就座于尊位，要等待主人指示后与其一同落座。

### 3. 注意细节

做客时既要做到彬彬有礼，也不要过于拘谨。尊重主人的隐私是格外重要的一点，未经允许不要随意参观主人的处所或乱翻、乱动主人的物品。谈话时要紧贴主题，东拉西扯、没完没了会浪费主人宝贵的时间。另外，当主人向自己端茶递零食时，应立即起身用双手接过，并表示感谢。对于主人准备的零食和饮料不应加以拒绝，可略加品尝；但要保持室内的清洁，将果皮杂物放到纸篓或烟灰缸内。值得注意的是，主人家的宠物都是其心爱之物，即使自己不喜欢也不应对其打骂或表现出厌恶的情绪。

无论哪种形式的拜访，都要注意拜访时间不宜持续过长。一般情况下，每次拜访都应控制在一小时之内，特别是在有其他重要客人来访时，要主动告辞。

## 三、礼品馈赠礼仪

古往今来，人们在交往中都有通过送礼表示友好、表达祝福的习俗。中国有句成语——礼尚往来，表达的就是人们彼此间互赠礼品的一种文化。礼品馈赠是在商务活动中拉近与交往对象的距离，表达对对方的尊重并用来维系友好关系的一种情感投资。

由于各地区、各民族人民的文化历史背景和传统不同，因此在彼此交往过程中就需要注意遵守一定的赠礼礼仪。

### 1. 礼品的选择与赠送

礼品的挑选要有针对性，送礼者可以依照自己的财力去准备，但绝不可依照自己的喜好行事，要因人、因事而作出不同的选择。礼物的价值并不是最重要的，而讨得受礼者的欢心才是第一位的。所以，在挑选礼物时要考虑到以下几点。

1) 馈赠的时机

一般来说，参加婚礼、派对、生日聚会时，赠送鲜花是最保险的选择。此外，也可赠送一款手工精致的工艺品，或是给有孩子的家庭带去糖果和玩具。在庆祝会上，带去一瓶香槟也是不错的选择。在店面开张、公司开业、年庆时的场合，可赠送花篮、牌匾等向对方表示祝贺；当朋友们特意以庆祝你远道归来的名义而举行聚会时，最得体

的做法是将自己带回的土特产和有纪念意义的小礼品与大家分享，以示感谢。

2）与对方的关系

送他人礼物时，必须考虑与对方的关系，例如，若送礼人与受礼人是上下级关系，特别是在受礼方的身份是国家公务员时，则送对方的礼物价值就不能过高，否则很可能会让对方产生受贿的嫌疑心理，认为送礼人是在利用自己谋取利益，更不能送给对方现金、有价证券和珠宝首饰。异性之间禁忌赠送容易让对方产生误解的礼品，如私人用品、内衣等，即使对方当时可能没有拒绝，但心里也会产生疑惑，拒你于千里之外。

3）赠送的对象

所谓"十里不同风，百里不同俗"，就算是再贵重的礼品也要送得对路，否则触犯了对方的习俗禁忌就会适得其反。送礼品时一定要先了解对方的生活背景，重视文化差异。同样的东西在不同的地区或不同的国家作为礼物被赠送，其受欢迎程度也是不同的。所送礼品绝对不能犯忌，否则送礼人的好心就会被误解为恶意。例如，按照中国人的习俗，特别喜好按照物品名字的谐音来解释其含义。不可以给老人送钟，因为"钟"字音同"终"，表示死的意思；不能给准备比赛的人送书，因为"书"字音同"输"。因此，送礼时一定要投其所好，否则再贵重的礼物都不会引起对方的兴趣，反而让自己徒劳无功。

## 送花的讲究

花是美好祝愿的象征，以鲜花作为礼品，已经成为一种时尚。因此掌握好送花的礼仪也是十分重要的，一些花语具体如下。

牡丹表示富贵吉祥。

百合寓意百年好合。

玫瑰象征爱情。

郁金香表示名贵和挺拔秀丽。

松柏表示坚强伟大。

竹子表示虚心正直。

菊花在西方系"葬礼之花"，用于送人便有诅咒之意。

莲花在佛教中有特殊的地位。

杜鹃则被视为"贫贱之花"，用于送人也难免发生误会。

在颜色和数量方面的偏好与禁忌各国也是有所不同，具体如下。

中国人颇为欣赏的黄色鲜花，却不宜送给西方人，因为他们认为黄色暗含断交之意。巴西人认定紫色是死亡的征兆，故对紫色鲜花比较忌讳。

在中国，人们送花偏爱双数，取"好事成双"之意。在葬礼仪式上送花要送单数，以免"祸不单行"。而在西方，送花一般送单数，但忌讳"13"这个数字，认为"13"含凶兆。

### 2. 礼物馈赠的基本原则

**1）体现效用**

同样的东西，在不同人眼中，它的使用价值也是不同的。有时，一件礼物对于自己来说是"纸"，而对于他人却是"金"。这样的礼物往往是难以用实际价值去衡量的。例如，20世纪80年代，邓小平曾把我国改革开放后第一家上市公司的一张面值一元的股票送给美国纽约华尔街证券市场主席作为礼物，这就是一个典型的赠送具有纪念性礼物的实例。在国家接待外国宾客来访时，常常把客人来访期间的活动照片汇集成册，在送别时作为礼品送给对方，这样的礼品既富含心意，又具有纪念意义。

所谓"物以稀为贵"，将具有民族特色的礼品赠送给外来友人也会让其觉得弥足珍贵。如中国的丝绸、泥人雕塑、剪纸、茶叶等，都是赠送外商的合适礼品。

**2）轻重适当**

礼品不在于价值高低，而在于受礼人的喜爱。中国有句老话——千里送鹅毛，礼轻情意重，说的就是这个道理，赠送礼品时我们要本着"交浅礼薄，谊深礼重"的一般原则，不宜赠送过于贵重的礼物给一般的朋友，这样会使对方不安，感到"受宠若惊"，认为你必有所图。当然，也不要送过于廉价又没有什么特殊意义的礼品，否则受礼人会觉得不受尊重。

**3）时机适宜**

赠送礼品还要讲求实效性，要把握好馈赠的时机。同样的礼物在不同的时机送出去其所达到的效果差别也是很大的。超前或滞后将你精心准备的礼物送出去均达不到"雪中送炭"的目的。所以，在他人处境困难时的馈赠，其所表达的情感就更显真挚和高尚。

**4）风俗兼顾**

不送受礼人忌讳的物品，比如不能触犯受礼人的宗教禁忌、民族禁忌、个人禁忌。在送他人礼物前，一定要提前查阅和打听受礼人国家和地区的赠礼习俗。因此，凡在物品种类、包装、色彩、图案、形状和数目上对方有所忌讳的，一律都要回避。

**5）礼貌的动作和言语**

礼品一般是由当事人亲自交给受礼人的。当双方人员进行商务往来活动时，一般要

由当时在场的位次最高者出面赠送对方礼品。在赠送礼品时，应面带微笑，目视对方，用双手将礼物递送过去，同时向对方说一些谦和而得体的话，例如："王总，这是我们公司为您准备的纪念品，希望您能喜欢。"这里需要注意的是，虽然中国人的表达方式比较含蓄，但在赠送礼品时要避免过分谦虚，例如"真是拿不出手""真是不好意思"，因为过分谦虚的做法会让对方觉得自己不被重视。

### 3. 赠送礼物的时机和方式

**1) 送礼要讲一定的顺序**

在对方不止一人时，可以公司的名义将礼品赠送给对方的公司。赠送多人礼品时，应按照一定的顺序进行，可按照级别由高到低、年龄由大到小、先女士后男士的顺序进行。切不可当众将礼品只送给一群人中的某一些或某一个人，这样会使其他人感到备受冷落而心生不快。若只想向其中一个或几个人赠礼时，可以找合适的时机避开周围人私下赠予。

**2) 注意礼品的包装**

外国人是很看重礼品的包装的。在国际交往中，一般包装的费用不少于礼品本身价格的三分之一。选择精美的包装材料，用心将礼品进行包装，既可以表示出送礼者的品位和敬意，同时可以给受礼者留下一个悬念，使其更加急切地想打开包装看到"庐山真面目"。在包装前，千万不要忘记去掉礼品上的价格标签。包装时，要注意包装材料的颜色、图案和包装后的形状，这些都不可冒犯受礼者的风俗习惯。例如，给信奉基督教的人包装礼物时，要避免将丝带系成十字形状。

**3) 赠送礼品的途径**

按照一般的礼仪规范，礼品一般应当时、当面赠送给对方。当面赠送是最常见的方式。如果是当面赠送，应在客人辞别时将礼物赠予，也可在为客人举行的告别酒会上赠送；而到对方的居所或办公场所拜访时，则应该在进门见面时就将礼品敬上。但如果由于某些特殊原因，不能亲手将礼物奉上时，也可托人带去或通过邮局寄送。托人代送也是比较常见的一种馈赠形式，在自己不能亲自赠送时托人转交，也能体现出送礼人的真心诚意。在托送时，可以随礼物送去信函或名片并向受礼人解释不能当面赠送的理由，请求其谅解。除此之外，通过邮政系统来转达自己的心意也是一个不错的选择。寄送前务必确定受礼人的详细地址，以免礼品不能及时送达对方。可以在礼品中加上附言，用以表明送礼者的姓名和缘由，或是通过电话方式通知对方。

### 4. 接受与拒绝

在正式的商务交往场合，如果不是对方所送的礼物价值很高，则受礼方没有必要推三阻四，礼尚往来是很正常的交往规则，可以大方、愉快地双手接过礼物，向对方微笑

并点头致意，与对方热情握手以表示感谢。

如果对方所赠礼物过于贵重不能接受，这时仍要保持平和友善的态度，委婉而诚恳地向对方解释自己的理由。切忌当面与对方发生冲突，责备对方或发出逐客令。

**5. 礼品回赠的原则**

古人云："来而不往非礼也。"因此，在接受他人的馈赠后，也应进行回礼。在回礼时，应遵循以下原则。

1) 不可攀比

一般来讲，回赠的礼品应与对方所送礼品的价值大致相当，但不要超过对方所赠送礼品价值很多，这样会使对方产生攀比之感，也会有自己高对方一等的暗示。

2) 不可回赠同样的物品

在接受他人礼物时，一定要记清何物是由何人所赠送的。在回赠时尽量避免挑选同种甚至同样的礼品，否则可能会引起对方的误解。

3) 挑选合适的时机

回礼时应该寻找一个恰当的理由与合适的时机，切不可为了还人情而立即回礼，收到礼物之后隔一段时间再进行回赠是比较恰当的。

# 四、人际关系礼仪

**1. 上司与职员相处的礼仪**

1) 尊重下属，善于激励

领导要经常鼓励下属，使他意识到自己的价值，这样可以增强他的自信心。下属做对了，上司马上表扬，而且很精确地指出下属做对了什么，这会使人感到领导与下属分享成功的喜悦，下属也会有信心去尝试做更困难的工作。所以，领导的鼓励与表扬不仅要及时，而且要具体、准确。工作中多征询下属的意见，采纳中肯之言，不听信谗言，不居功自傲。

2) 敢于承担后果

如果团队出了差错，领导要勇于出面为团队承担责任。如果只是在更高的领导面前推脱诿过，就显得领导欠缺应有的气魄。

当发现自己手下员工的工作表现逐渐下滑的时候，作为领导者，应该及时寻找原因。领导者应找合适的时间与员工面谈，关切地询问原因，并帮助其改善工作状况。那种不分青红皂白，严厉训斥告诫员工的做法是不可取的。

3) 利益共享

当领导者得到能使大家共同获益的重要信息时，应当让每一位下属同时分享。这样

不但能使大家共同获益，也可体现自己开明、大方的领导风格。

与此同时，部门领导接到下属的任何邀请后均应尽快答复。如果接受了邀请，就务必到场，而不应该接受邀请后又无故失约。

4) 注重细节

作为领导，在工作场所不要谈论与工作无关的事。喜欢谈论家长里短的员工往往在单位不受欢迎。因此，作为一名领导，更要带头不在工作时间谈论与工作无关的事。不要在公开场合驳斥他人，喜欢驳斥别人的领导可能自以为很聪明、很机智，但在别人看来往往相反，而且可能会给他人留下工作方式简单、粗暴的印象。

### 2. 与同事相处的礼仪

强调团队精神是现代管理的核心理念。团队合作是一种为达到既定目标所显现出来的自愿合作和协同努力的精神。它可以调动团队成员的所有资源、才智和积极性，为企业注入生命的活力。在现代组织中，要求职员进入团队后能自觉主动地融入其中，并设法确认每个人都了解、接受团队目标，而组织中的工作也公平地分享给每个人。这需要职员具备良好的合作精神，在团队协作中表现出色，同时掌握好与同事相处的艺术。

1) 公平竞争，平等互助

现代职场虽然竞争激烈，但大家提倡的是公平竞争，谁都愿意与那些工作能力强且志趣相投的同事相处，而讨厌那些喜欢搬弄是非、玩弄阴谋的人。同事们每天长时间地共处，需要的是彼此了解、互相帮助、平等竞争，所以职场中切忌抱着与同事是"对手"的态度。与同事和谐共处的原则是彼此尊重、配合，然后尽量施展自己的才华，在公平竞争中求发展。

工作时应该保持积极的情绪状态，即使遇到挫折、受些委屈，也要积极地调整自己，而不要牢骚满腹、怨气冲天。

在办公室，大家都乐于与光明正大、诚实正派的人相处。那种人前人后两张面孔，领导面前办事积极主动、充分表现自己，而在同事或下属面前推三阻四、拒人千里之外的人是最不受欢迎的。长此以往，自身的境遇和发展必然受到影响。

2) 尊重同事，不要打听他人的隐私

在现代职场和商务往来中，过分关心别人的隐私是失礼的行为。在工作交往中，要把握好尺度，不要轻易打探同事在家庭、情感等方面的隐私。即使对方主动说起，也切勿介入。

3) 不要把个人好恶带入办公室

每个人都有自己的个性，都有自己独特的眼光和喜好。但要注意的是，不可将个人好恶带入职场。也许他人的衣着打扮或者言谈举止不是你所喜欢的，你可以保持沉默、

不加评论，但不要去指指点点、妄加评论，更不要以自己的好恶当面批评他人。相反，你的包容可能会赢得他人的尊重与支持。

4）建立和谐的人际关系

工作中要善于寻找志趣相投的朋友，建立和谐的人际关系。在工作之余，大家结伴郊游、运动、唱歌等，可以放松心情，缓解压力，也可以缓和在工作中造成的紧张关系，从而在工作中合作得更愉快。

与同事之间经常聚会、游玩时，往往会产生经济上的往来，这时，最好的处理方法就是采用 AA 制。如此一来，大家既没有心理负担，经济上也都可以承受。当然，如果同事有高兴的事，执意主动做东，也不要拒绝，不过应该表示祝贺和感谢。

建立和谐的人际关系要和拉帮结派、形成小圈子区别开来，小圈子特别容易破坏团结，引起他人的对立情绪。更不应该充当消息灵通人士，四处散布小道消息，这样使他人敬而远之，久而久之，更会失去他人的尊重和信任。

我们常说"善待他人，就是善待自己"。而对于朝夕相处的同事，更应该以宽容、文明的方式去对待。这样不仅能使自己以愉悦、快乐的心情投入工作，也能给自己创造融洽、和谐的工作环境。

### 3. 与领导配合的礼仪

要在工作中求得生存与发展，就必须学会与上司和谐相处、默契配合，以获得上司的信任和支持。

1）正确领会上司的意图

正确领会和贯彻上司的意图是对一名合格员工的基本要求。上司的意图很多就蕴含在文件、批示或口头指示之中，要靠员工去理解、体会。因此作为下属，一定要用心理解、勤于总结，争取恰当领会领导的布置和意图。如果确实没有弄清楚，则应进一步向上司询问、请教，切忌不懂装懂、凭空想象，这样反而会违背领导的意图，从而给自己带来更多的麻烦，出力不讨好。

2）按时完成上司指派的工作

接受上司指派的任务尤其是重要事项时，一定要问明白要达到的效果和完成的时限，当在期限内完成了上司指派的工作后，一定要及时汇报完成的情况。

3）及时向上司汇报工作进展

从上司那里接到任务之后，要做到一结束就立即报告，而如果是长期的工作，应该在中途报告进展情况。如果能主动在中途报告工作经过和进展情况，则可让上司随时掌握进度，并对此放心。

4）为上司分忧

能够在工作中协助上司把事情办好，这是所有上司都喜欢的部下。遇到上司有棘手

的事情，员工应及时帮忙；遇到上司工作或决策中有失误，应及时提醒、善意参谋，不能袖手旁观。

5) 只听不传

在面对多个上司的情况下，必须协调和处理好上下左右的关系，而这其中一条重要的原则就是"只听不传"。也就是说，有碍于领导之间团结的话，只可倾听不能言传。

处理好与上司之间的关系，是在职场和商务活动中获得成功的重要手段。与上司融洽相处，个人的才能就会逐渐为上司所赏识，工作起来也就会更加得心应手。

6) 理智地对待批评

如果上司错怪了你，不要在公共场合反驳或与其针锋相对。合适的做法是找个方便的时机向其解释真实的情况；当上司大发雷霆时，不要试图马上解释，要知道，暂时接受之后，很快会有解释清楚的机会。

### 4. 与异性相处的礼仪

男女之间由于性别的差异，导致社会角色、心理状态、做事风格都有很大的区别。尤其是在工作中，男女各有优势，如果与异性能够相处愉快，工作的效率一定会更高；如果相处不融洽，首先影响到的就是工作。因而在相处中，要注意互相帮助，发挥各自的优势，这样才能事半功倍。

在工作中，男女交往时要避免过于亲密，要把握好交往尺度，不可以把工作以外的私人感情带到办公室；否则，会给工作带来不必要的麻烦。在职场中，女性也要具备防范意识和自我保护的能力，保持自尊和矜持，与男性同事之间建立一种健康、恰当的异性同事关系。

# 第五节　与部分国家商务交往礼仪

## 一、与美洲部分国家客人交往的礼仪

与美国人交往的主要习俗和交往禁忌如下。

1) 主要习俗

美国是一个移民国家，聚集了世界上150多个民族的后裔。美国的特殊发展历史，导致了美国人一般性格外向、自信、坦率、热情、随和友善、注重实利以及崇尚个人奋斗的价值取向。平时不大讲究穿戴，崇尚自然，偏爱宽松、体现个性的服装。但是在正式场合，美国人穿着非常讲究，特别是鞋子擦得很亮，而且衬衣、袜子、领带必须每天一换。美国人的见面礼非常简单，时常是点头微笑致意，只说一声"Hello"或"Hi"表示问候。在称呼别人时，美国人极少使用尊称，他们更喜欢直呼姓名，这样可以表现出双方

关系的密切。美国是典型的任务导向型商业文化，美国人大都比较重视实效，喜欢直来直去。谈判时会直接进入主题，切忌闲谈。美国商人的法律意识很强，在商务谈判中十分注意推敲每项条款。当朋友聚会或业务往来一起吃饭时，一般是 AA 制的付费方式。

2）交往要点与禁忌

（1）在正式的商务场合穿肮脏、褶皱、有异味的衣服会被人看不起。

（2）与他人谈话时双方距离不能太近，50cm 以内是"禁区"。

（3）给美国商人送礼时不宜送过于贵重的礼物，美国法律对商务性的礼物规定了 25 美元的纳税临界线。

（4）到美国人家中做客时，主人通常喜欢听到有关赞赏家中摆设的话，而不愿意听到询问价格的话。

（5）美国人一般比较喜欢浅颜色，认为白色象征纯洁，浅蓝色、浅黄色、粉红色、浅褐色等都是美国人喜欢的颜色。

（6）美国人与其他西方基督教国家的人一样，忌讳"13"和"星期五"。

（7）在为美国人选择礼物时要注意，美国人忌讳蝙蝠图案，认为蝙蝠是吸血鬼的象征。偏爱白头鹰和白猫的图案，在动物中，美国人普遍爱狗，认为狗是人类忠实的朋友。

## 二、与欧洲部分国家客人交往的礼仪

欧洲国家文化渊源、宗教信仰相近，在礼仪习俗上有共通之处。

### 1. 与英国人交往

1）主要习俗

英国人最主要的特点是内向保守，含蓄温雅，穿戴讲究。英国人讲究"绅士风度"和"淑女风范"，在参加社交应酬时，男士们衣冠楚楚，女士们高贵优雅。英国人在生活中奉行"女士优先"的习俗，这一点也是绅士风度的集中体现。女性注重修养，举止文雅。在与人交往时，注重用敬语。在待人接物上，英国人讲究含蓄和距离，不爱张扬，认为夸夸其谈的人缺乏教养。在人际接触中，比较矜持内向，和他人保持一定的礼仪距离，不喜欢搂肩、拍背、握胳膊等动作。在生活上不问他人是非，也不愿意他人进入自己的私人领地。比较尊重时间，日常生活喜欢按照事先安排的日程进行。在英国，商务宴请一般应安排在晚上为好。英国人喜欢喝啤酒和威士忌，特别喜欢喝茶，尤其是红茶，上午十点左右喝早茶，下午四点左右喝下午茶，成了每天必不可少的享受。

2）交往要点与禁忌

（1）英国人不像美国人一样喜欢别人直呼其名，一般可称呼其"某先生""某小

姐"。如果是有爵位的人，可以用爵位相称。

(2) 英国人的性格比较保守、谨慎，在待人接物上讲究含蓄和距离。

(3) 在为英国人选择礼物时要注意，他们比较偏爱蓝色和白色，反感墨绿色。

(4) 英国人忌讳"13"和"星期五"。

(5) 在握手、干杯或摆放餐具时忌讳类似十字架的图案。

(6) 英国人非常喜欢玫瑰花和蔷薇花。

(7) 忌讳随便将任何英国人都称为英国人，一般将英国人称为"不列颠人"，或具体分为"英格兰人""苏格兰人"等。

(8) 不要以英国皇室的隐私作为谈资。

### 2. 与德国人交往

1) 主要习俗

德国人勤勉矜持，守纪律，爱整洁，崇尚理性思维，时间观念很强。在商务活动中，德国人比较讲究穿戴，着装严谨整齐，甚至在官方、半官方的邀请信中，往往注明衣着的要求。德国人非常讲求效率，在商务谈判前准备充分，在谈判中一般比较固执，难以妥协，交易中很少让步。他们非常重合同、守信誉，一旦合同签订，一般不接受对合同的任何更改。

2) 交往要点与禁忌

(1) 德国人的时间观念极强，约会非常准时。

(2) 德国人在交谈中很讲究礼貌，不喜欢别人随意以名字称呼自己。比较看重身份，特别看重法官、律师、医生、教师、博士、教授等头衔。一般称呼时以"先生""女士""小姐"等相称。

(3) 与德国人初次见面时，一般不送礼。如果送礼，礼品不可太贵，否则有贿赂之嫌。

(4) 在商务谈判场合，德国人非常讨厌"临阵磨枪"、漫无目的的闲谈。

(5) 德国人不喜欢在公共场合窃窃私语，认为这是非常不礼貌的行为，而且谈话时不要用眼睛盯视对方。

(6) 德国人口味偏重，爱吃油腻的食物，爱喝啤酒；但是在宴会上只祝酒而不劝酒，崇尚节俭。

### 3. 与法国人交往

1) 主要习俗

法国人天性浪漫，喜好交际。在商务交往场合，常用的见面礼是握手礼，而在社交场合，轻吻礼和吻手礼比较常见，吻手礼一般只适用于男士对已婚妇女的礼节。与法国商人打交道时，如果有政府官员出面，将会有利于商务活动的进行。在商务交往中法国

人还有一个独特的地方就是坚持使用法语。但是法国人也忌讳整脚的法语，所以如果法语不纯熟流利，最好还是请翻译或讲英语。法国是世界上假期最长的国家之一，8月份几乎全国都在放假，所以谈生意最好避开这个时期。

2）交往禁忌

(1) 在商务交往中，合同在法国商人的眼中很有弹性，有可能对已经签订的合同一再修改。他们通常对对方的要求很高，求全责备。

(2) 法国人很重视原产地法则，讲究诚信的法国人使得法国名牌在世界上长盛不衰。

(3) 给法国人送礼最好是名人传记、回忆录、历史书籍、唱片、艺术画册、鲜花、带有民族特色的工艺品等。忌讳送带有公司标识的广告式礼品。

(4) 公鸡是法国的标志，法国人认为公鸡勇敢、顽强。野鸭图案也受法国人欢迎。

(5) 法国人爱花，巴黎有花都的美誉，莺尾花是法国的国花，也叫金百合花。送花时忌送菊花、牡丹花、康乃馨等。

(6) 法国人在色彩上独具审美观，普遍喜爱蓝色、白色、红色。

**4. 与俄罗斯人交往**

1）主要习俗

俄罗斯是一个重礼好客的国家，俄罗斯人热情、豪放、勇敢、耿直，整体文化素质较高，因为其独特的地理位置，所以俄罗斯的习俗兼具有东西方的特点。俄罗斯人十分注重仪表，出门时总是穿戴整洁。在正式场合，一般见面行握手礼。与陌生人相互介绍时，最好用对方的正式头衔或全称。俄罗斯商人是国际商务谈判的老手，在谈生意之前，他们会做好充分的准备，在谈判中精于讨价还价之术。俄罗斯人普遍酒量较大，尤其爱喝烈性酒，对啤酒、柠檬汁和酸奶也很喜欢。

2）交往要点与禁忌

(1) 与俄罗斯人会谈或对其拜访，一般要提前几天约定，最好提前 5 分钟到达约会地点。俄罗斯人豪爽大方，忌讳别人说他们小气。

(2) 俄罗斯人喜欢向日葵，它是俄罗斯的国花。送客人鲜花时，注意不宜送菊花、杜鹃花、石竹花和黄色的花。送花时同样必须是单数，但不能是"13"朵。

(3) 俄罗斯人办事往往比较稳重，切忌急功近利，急于求成。

(4) 颜色上普遍喜欢红色，禁忌黑色，认为黑色是死亡的颜色。

(5) 在为俄罗斯人选择礼物时要特别注意，俄罗斯人喜欢马。

(6) 俄罗斯人特别爱整洁，如果随便丢弃东西，会受到鄙视。

(7) 在与俄罗斯人交谈时，忌讳以历史上有争议的领袖人物以及当前的改革话题作为谈资。

### 5. 与波兰人交往

波兰人举止优雅，语言文明，彬彬有礼，各种商务场合均穿保守式样的西装。在波兰，最常用的见面礼有握手礼和拥抱礼，在民间，吻手礼十分通行。大多数波兰人信奉天主教，有一些宗教上的禁忌习俗。波兰人喜欢谈论他们的国家、文化和生活方式，特别喜欢花，在波兰，即使做短暂拜访，也别忘记给女主人送鲜花。三色堇是波兰的国花。

### 6. 与匈牙利人交往

匈牙利人性格开朗爽快，言谈举止文明，十分好客，热情友好。匈牙利人关心时事，喜欢阅读。在平时的场合穿衣很随便，但是正式场合男士穿西装，女士多穿晚礼服，十分讲究。匈牙利人注重守时观念，一般的约会都要提前安排。如果邀请匈牙利人参加宴会，一般要提前一个星期发出邀请函，以便对方有充分的时间提前安排。如果收到匈牙利人的邀请函，必须通过信函或电话答复能否出席，以便主人做好安排。匈牙利人最爱的花是郁金香，将郁金香尊为国花。在交谈时比较适宜的话题包括葡萄酒、食品等，不要谈论政治或宗教。

### 7. 与保加利亚人交往

在保加利亚进行商务活动，要穿保守式样的西装，拜会政府官员，需要提前预约。在保加利亚要特别注意，摇头表示"是"，而点头表示"不是"，所以如果不明白这点可能会闹笑话或造成不良后果。保加利亚盛产玫瑰，国人喜欢玫瑰花，有"玫瑰之国"的美称。如果去主人家中做客，带上一束鲜花、一瓶酒或一些糖果会大受欢迎。

在匈牙利、罗马尼亚、保加利亚等国，每年的 6～8 月是商人度假日，若与这些国家商人开展商务活动要避开这个时期。

## 三、与亚洲部分国家客人交往的礼仪

### 1. 与中亚五国客人交往

中亚有五个国家，包括哈萨克斯坦、乌兹别克斯坦、土库曼斯坦、塔吉克斯坦、吉尔吉斯斯坦，在古老的丝绸之路上具有独特的历史地位，是"一带一路"沿线重要的地区之一，这五个国家在商务交往习俗上有很多相似之处。

(1) 在哈萨克斯坦，人们在办公的时候着装是相对保守的，男士一般穿西装系领带。最普遍的问候方式是握手，当受邀到某人家中做客时，给女主人带点心当礼物是比较礼貌的。

(2) 在乌兹别克斯坦，出席商务活动的男士穿保守的西装，女士的着装保守朴素，

要能够遮盖全身。男士见面时相互握手问候，左手放在心脏的位置上，男式和女式见面仅仅相互握手或点头致意。在乌兹别克斯坦的习俗中，老年人很受尊敬，年轻人总是先问候长者。赠送中国特色的手工艺品很受欢迎。

(3) 在土库曼斯坦，商务活动中男士通常穿西装或商务休闲装，女士可以穿时尚但相对保守的套裙。见面时握手或者点头致意。应邀到家中做客时，巧克力或者糖果是比较好的选择。

(4) 在塔吉克斯坦，人们在商务场合非常正式，男女着装都比较保守，男士穿西装系领带，女士穿本地传统服饰，年轻一代的着装比较西化。见面时握手或简单地点头致意。礼品馈赠以巧克力、鲜花、水果为佳，避免酒和猪制品(猪皮革、猪鬃等加工的物品)。收到礼物后要尽快准备好礼物回赠。

(5) 在吉尔吉斯斯坦，商务场合要穿商务装，保持鞋子干净。见面时男女都可以握手，好朋友之间可以行贴面礼。受邀到别人家中做客，带巧克力或糖果是礼貌的，礼品一般不需要包装，因为它们可能马上就会被当面打开。

### 2. 与泰国人交往

1) 主要习俗

佛教是泰国的国教，90%以上的居民信仰佛教，佛教为泰国塑造了道德标准，使国民形成了崇尚忍让、安宁和爱好和平的精神。与外国人打交道时，泰国人颇有涵养，总是面带微笑，因此泰国在国际上有"微笑之国"的美称。泰国人在一般的交际应酬中所用的多是合十礼。在行合十礼时，合十于身前的双手所举的高度不同，给予对方的礼遇也有所不同。合十的双手举得越高，表示对对方越尊重。在一些正式场合，泰国人都讲究穿着自己本民族的传统服饰，并且以此为荣。在商务交往中，他们一般穿深色的套装或套裙。泰国人非常喜爱红色和黄色，并且对蓝色也颇有好感，在他们看来，蓝色象征着"永恒"与"安定"。

2) 交往要点与禁忌

(1) 到泰国人家中做客时，可给主人送些小礼品，进门要脱鞋，千万别踩着主人家房子的门槛。在泰国人面前，不论是坐还是站着，都不要把鞋底露出来，尤其不要让鞋底对着对方。

(2) 在泰国，人们认为"左手不洁"，所以绝对不能以左手取用食物，递东西也要用右手。

(3) 泰国的国花是睡莲，国树是桂花树，国兽是白象。泰国人忌讳狗的图案，鹤和龟也不受欢迎。泰国人喜欢的颜色是红色、白色、蓝色，对于褐色，则比较忌讳。

(4) 泰国人有"重头轻脚"的讲究。所谓"重头"，是说泰国人的头部，尤其是孩子的头部，一般绝对不准触摸。所谓"轻脚"，则是说泰国人认为脚除了走路外别无所长。因此，他们不准用脚指示方向，不准用脚尖朝着别人，不准用脚踏门槛。

(5) 进入泰国的寺庙，必须脱掉鞋子，摘下帽子，赤足而行。

### 3. 与日本人交往

1) 主要习俗

日本人平时很讲究礼节，尤其是外出参加各种活动时，男士一般西服革履，女士一般穿和服。日本人平时见面要互相问候，行鞠躬礼，说"初次见面，请多关照"。鞠躬的度数大小、时间长短以及次数多少往往与向对方所表示的尊敬程度成正比。日本人非常喜爱送礼，赠送一件小小的礼物都会让其非常高兴。日本人经商一般比较郑重、有耐心而有韧性。他们在签订合同前一般都很谨慎，而且历时很长，对合同履行也很苛求，尤其讲求对方的信誉。

2) 交往要点与禁忌

(1) 日本人对礼品包装也很讲究，他们偏爱花色的包装纸，但不宜用红色、绿色、黑色或白色的包装。

(2) 日本人喜欢"避偶就奇"，送礼时通常采用 1、3、5、7 等奇数。

(3) 给日本人送花时，忌讳荷花和菊花。

(4) 日本人比较偏爱鸭子、乌龟、松和竹的图案。

### 4. 与韩国人交往

1) 主要习俗

韩国人着装讲究，朴素整洁，并且较为庄重保守。在某些特定场合，韩国人往往会穿自己本民族的传统服装，男士穿长袍，女士穿阔裙。在韩国，酒是很好的润滑剂，对于男士而言，礼节性的饮酒是了解合作者的一个传统方法，有时候甚至喝醉也是合适的。

2) 交往要点与禁忌

(1) 韩国人在自己家中设宴招待来宾时，宾主一般都围在一张小方桌周围，盘腿而坐。在这种情况下，切勿用手摸脚或悄悄脱袜子，将双腿伸直或是双腿叉开都是不允许的。

(2) 韩国人的民族自尊心很强，他们强调"身土不二"，反对崇洋媚外，倡导使用国货。

### 5. 与新加坡人交往

1) 主要习俗

新加坡是一个城市型国家，华裔新加坡人占其人口的很大部分。新加坡很重视礼貌

教育，人们注重温良恭俭让，礼貌有加。在新加坡，华人见面一般行拱手礼，印度人行合十礼，在商务场合一般行握手礼。

2）交往要点与禁忌

（1）新加坡注重环保，在公共场合吐痰、随地扔垃圾、在禁烟场所吸烟等都会受到重罚。

（2）新加坡商人做生意比较谨慎，没有把握不会轻易坐上谈判桌，在生意上比较看重面子，希望对手能够尊重自己，守信用。

（3）在商务交谈时，忌跷二郎腿。商务场合男士留长发不受欢迎。

（4）新加坡人不喜欢听别人说"恭喜发财"，他们认为这个"发财"是指"发不义之财"。

（5）新加坡人喜欢的数字有 3、6、8、9。喜欢红双喜、大象、荷花、梅花等图案。喜欢红色和白色，忌紫色、黑色、黄色。

#### 6. 与印度人交往

1）主要习俗

印度是一个东西方文化共存的国家，在这里，人们的见面礼既有合十礼，又有握手礼和拥抱礼。英语是印度的商业语言，与印度商人见面要递上英文名片。

2）交往要点与禁忌

（1）到印度人家中做客，可以带些工艺品、小型电子产品等，给印度客人送礼，绝对不可以送牛皮制品。

（2）进入印度人的家里或进入印度的寺庙，都要脱掉鞋子。

（3）在正式会谈之前，印度商人会准备一杯红茶或咖啡，客人不应该拒绝。

（4）与印度人交谈，可以多谈印度的传统文化，而不要谈个人私事、军费开支、贫民窟等话题。

（5）印度人不喜欢 1、3、7 这三个数字，忌用左手接触别人，忌触摸别人的头部。

# 思考与练习

### 一、单选题

1. 当两个互不认识的人在工作场合见面时，相互要作自我介绍，这时谁应该先开口作自我介绍呢？（　　）

　　A. 女士先作自我介绍

　　B. 职位低的人向职位高的人先作自我介绍

C. 长者先作自我介绍

D. 男士先作自我介绍

2. 在商务活动中，递送名片的时候要遵循( )的原则，使其首先得到名片。

    A. 尊者优先     B. 男士优先     C. 主人优先     D. 女士优先

3. 在工作场合拨打电话时，通话结束后应由( )先挂断电话。

    A. 上司     B. 前台     C. 女士     D. 男士

4. 接听电话的最佳时机是在电话铃响( )时，这样既不会让对方感到匆忙，又不会让其久等。

    A. 2~3声     B. 1声     C. 5~6声     D. 7~8声

5. 下列哪个场合适合接打手机？( )

    A. 在餐厅的走廊里         B. 观看画展时

    C. 在加油站         D. 听交响音乐会时

6. 以下接待礼仪中，哪个是错误的？( )

    A. 会客室的温度最好控制在24℃左右

    B. 会客室的湿度最好控制在50%左右

    C. 去机场接客人时，可以帮客人拿随身的小包

    D. 陪客人进电梯时，电梯门打开后，请客人先进入电梯

7. 为客人奉茶时，要用干净的水杯，装入茶叶，开水斟至( )即可。

    A. 7~8分左右     B. 全满     C. 都可以     D. 一半

8. 去拜访客人时，哪个做法是恰当的？( )

    A. 正式拜访之前一定要预约，不当"不速之客"

    B. 如果等待的时间比较长，可以在会客室里抽烟

    C. 去客人的家中拜访时，看见主人家里别致的室内摆设，可以拿起来仔细观赏

    D. 未经允许随便参观客人家的房间

9. 和美国商人打交道时，正确的做法是( )。

    A. 交谈时保持50cm以内

    B. 用餐的时候，都是男士买单

    C. 美国人说话比较含蓄

    D. 见面的时候点头或微笑，甚至说一声"Hi"即可

10. 英国人在为人处世上较为( )，在待人接物上讲究含蓄和距离。

    A. 保守     B. 自由     C. 开放     D. 热情

11. 给( )送礼物时，不能送牛皮制品。

    A. 印度客人     B. 英国客人     C. 美国客人     D. 日本客人

12. 日本人的见面礼一般是( )。

    A. 鞠躬礼        B. 贴面礼        C. 拥抱礼        D. 合十礼

## 二、讨论题

1. 试分别举例说明在商务交往场合比较常见的称谓有哪些。

2. 在与你的商业伙伴握手时，在伸手顺序上需要注意什么？

3. 给你的客户拨打电话时需要注意哪些细节？

4. 简述在为商务伙伴选择和赠送礼物时，应遵守哪些原则。

## 三、训练题

1. 为公司设计一份拨打电话和接听电话记录表。

2. 名片交换训练：两名学生一组，分别进行递送和接受名片的练习。

# 第四章 商务会议礼仪

**本章导读：**

本章按照会议的规模分别介绍大型会议和小型会议的会议礼仪，其中重点介绍参会礼仪和座次安排。根据商务谈判的复杂性和重要性，本章特别对商务谈判的组织规范和参加礼仪进行了详细介绍。

# 第一节 会 议 概 述

会议是现代管理的一种重要手段，通过总结、商讨、传达、沟通等方式解决工作问题和调节工作进程。会议过程有利于进行思想、经验的交流与分享，有利于今后工作的达成，对解决跨部门的协调问题尤其方便。恰当地组织、主持和参会礼仪将促进会议目标的达成，进而实现企业商务目的。

## 一、会议的要素

一般来说，会议有 6 个要素，即与会者、议题、名称、时间、地点、主持人。

### 1. 与会者

与会者就是参加会议的正式成员，与会者应具有必要性、重要性和合法性。

(1) 必要性。这是指与会者必须是与会议直接有关的人员，也就是符合会议确定范围，有权了解会情、提出意见、表示态度、作出决定的人；或是能提供信息、深化讨论、直接有助于会议达到预期效果的人。

(2) 重要性。这里指的是与会者虽与会议没有必然的、直接的关系，却有利于会议的进展或扩大效果的人员。这些人员通常是临时邀请的。

(3) 合法性。有些会议，与会者必须具有合法的身份和法定的资格。如公司董事会或股东大会的与会者必须是按照公司组织法和公司章程正式确定的董事或股东等。

有些会议组织者不注重与会者的必要性、重要性和合法性，而只顾壮场面、求热闹，或是利用会议拉关系，造成开幕式、闭幕式、拍照、宴请、发纪念品、参观时轰轰烈烈，而正式会议时反而冷冷清清。这样的结果不仅造成很大的浪费，甚至冲淡或干扰

了会议的主题。

### 2. 议题

议题是会议所要讨论的题目、所要研究的课题或是所要解决的问题。议题既要具有必要性和重要性，又要具有明确性和可行性。会议围绕这样的议题展开讨论、进行研究，才容易取得共识或最后表决通过。因此每次会议的议题应该尽可能集中、单一，不宜过多，不宜太分散，尤其是不宜把许多互不相干的问题放在同一会议上讨论，使与会者的注意力分散，这样不利于解决问题。

议题的产生通常有两种情况：一种是根据需要指定的；另一种是秘书调查研究、综合信息后提出，再经领导审定的。

有些重大的代表会议，先由代表提出"提案"，并由秘书或秘书处汇总，再提交主席团或专门的"提案审查委员会"审议通过，才能成为列入会议议程的正式议题。因此，议题还必须具有合法性。

### 3. 名称

正式会议必须有一个恰当、确切的名称。会议的名称要求能概括并能显示会议的内容、性质、参加对象、主办单位或组织、时间、届次、地点或地区、范围、规模等。

会议名称必须用确切、规范的文字表达。它既用于会前的"会议通知"，使与会者心中有数，做好准备；又用于会后的宣传，扩大会议的效果；更用于会议过程中，使与会的全体成员产生凝聚力和影响力。

### 4. 时间

会议时间有 3 种含义：一是指会议召开的时间；二是指整个会议所需要的时间、天数；三是指每次会议的时间限度。

(1) 会议召开时间。选择合适的时间要考虑多种因素，首先是需要，如每周一次的工作例会，通常放在周一的上午，一周即将开始，利于承上启下。一年一度的职工代表会议，宜在年初召开，既利于总结上年的工作、生产成果，又利于讨论、部署新一年的工作、生产计划，制定各种预算等。其次是可能，即最好是每位与会者都能参加的时间。如日本的有些企业召开各部门干部汇报会，通常定在下班前半小时，而不是安排在刚上班时。再次是适宜，即要考虑气候、环境等自然因素和社会因素。

(2) 会议需要时间。少则几分钟、几十分钟，多则几天、十几天。会议组织者应尽可能准确地预计需要的时间，并在会议通知中写明，这样便于与会者有计划地做好安排。

(3) 会议时间限度。每次会议时间最好不超过一小时。如果需要更长时间，应该安排中间休息。

### 5. 地点

会议地点，又称"会址"，它既指会议召开的地区，又指会议召开的具体会场。为了使会议取得预期效果，选择会议的最佳会址也需考虑多种因素。

国际性或全国性会议，要考虑政治、经济、文化等因素，一般在首都北京或其他中心城市召开。

专业性会议，应选择具有专业特征的地区召开，以便结合现场考察。小型的、经常性的会议就安排在单位的会议室。选择会址，还要考虑会场设施、交通条件、安全保卫、气候与环境条件等因素。

### 6. 主持人

主持人是会议过程中的主持者和引导者，往往也是会议的组织者和召集者，对会议的正常开展和取得预期效果起着领导和保证作用。

会议主持人通常由有经验、有能力、懂行的人，或是有相当地位、威望的人担任。一般有两种情况。一种是当然主持人，是由其职务和地位，也就是由组织的章程或法规决定的。如党组织的会议由党的书记主持，单位的工作例会由单位领导人主持，董事会由董事长主持。主持人因故不能主持会议时，也可委托副职或其他相应的负责人主持。另一种是临时的主持人，比如，各种代表会议，或几个单位、几个地区的联席会议，由代表们选举或协商产生。特别重大的会议，则需产生相应人数的主席团，由主席团成员集体或轮流主持会议。除了小型会议之外，大中型会议的主持人主持会议时通常需要秘书长或秘书协助。

## 二、会议的分类

会议从其产生、发展到现在，已经涉及人类生活的各个方面，包含的内容十分广泛，从不同的角度，依据不同的标准，可分出不同的类型。从规模上可以分为小型会议、中型会议、大型会议及特大型会议；从阶段上可以分为预备会议和正式会议；从时间上可以分为定期会议和临时会议；从会场形式上可以分为单场会议、定场会议和移场会议等。会议性质不同，会议成员、目的、开法和组织形式也就发生了根本的变化。根据会议不同的性质和任务，大致可以分为法定性会议、决策性会议、工作性会议、学术性会议、显示性会议、会商性会议和信息性会议。下面将根据这种分类方式对不同种类的会议进行介绍。

### 1. 法定性会议

法定性会议是指团体组织依照法规召开的具有法定效力的会议。常见的有各级党的

代表大会、人民代表大会、政治协商会议、共青团代表大会、职工代表大会、股东代表大会，以及各种学会、协会的会员代表大会等。这类会议严肃隆重，规模较大，会期较长，法定程序严密，程序化高，对与会者资格要求严格。

### 2. 决策性会议

决策性会议是指机构组织领导人员对工作中的重要问题集体讨论作出的决策的会议。常见的有常委会、党组会、行政会、董事会等。这类会议规格高，影响大，规模小，人员固定，定期召开，就地举行。

### 3. 工作性会议

工作性会议是指单位部门为布置工作而召开的会议。常见的有部门会议、经理会议、情况介绍会议、进度会议、现场会议等。这类会议有定期召开的，也有临时召开的；以动员、布置工作为内容，部署性强，有下行性的特点。

### 4. 学术性会议

学术性会议是指为加强学术工作者的交流与合作，提高科研水平，并促进其成果的运用而举行的会议。这类会议专业性强，通常邀请在相关领域具有威望的专家发言，并组织分组讨论。

### 5. 显示性会议

显示性会议是指以宣传教育和彰显事物为主要目的的会议。常见的有纪念会、庆祝会、表彰会、命名会等。这类会议隆重热烈，强调宣传效果，会员有广泛性和代表性，会期短而精。

### 6. 会商性会议

会商性会议是指以协调商议事项为内容的会议。常见的有商务谈判、联席会、会商会、座谈会等。这类会议代表不相隶属，关系复杂，矛盾较多，涉及各个方面和与会者的不同利益。

### 7. 信息性会议

信息性会议是指以发布信息为目的的会议。常见的有新闻发布会、记者招待会、报告会、咨询会等。这类会议通报性强，通常以新闻媒介为对象，没有约束力。

# 第二节　会 议 礼 仪

## 一、参会人员礼仪

### 1. 主持人礼仪

会议的主持人是整个会议的中心，一般由具有一定职位的人来担任。主持人应很好地控制会议的气氛和进程，并促使与会者齐心协力使会议达到预期的目的，其礼仪表现对会议能否圆满成功有着重要的影响。

1）主持人的基本礼仪

(1) 主持人应衣着整洁，大方庄重，精神饱满。切忌不修边幅、邋遢。

(2) 站立主持时，应保持立正站姿，腰背挺直。右手持稿时，左手自然下垂。双手持稿时，与胸齐高。坐姿主持时，应身体挺直，两手轻按于桌沿。主持过程中，双手不能插在口袋里，不能出现搔头、揉眼等杂乱动作。

(3) 主持人的语音、语速、语调要考虑参会人员的感受，让大家都能听清楚。

(4) 主持人应根据会议性质调节会议气氛，或庄重，或幽默，或沉稳，或活泼。

(5) 主持人对会场上的熟人不能打招呼，更不能寒暄闲谈。会议开始前，可点头、微笑致意。

2）会议主持程序

(1) 会议主持人根据会议议程来主持会议。在正式开始前可以对自己作简单介绍。比如说："请允许我作自我介绍，我是×××，能主持今天的会议感到十分荣幸。"

(2) 宣布会议的目的和注意事项。

(3) 对演讲者作介绍，包括演讲人的背景以及邀请他作演讲的缘由等，对演讲者作热情邀请，请演讲者开始演讲。对演讲者的介绍一般也超过三分钟。

(4) 在演讲者结束报告时，主持人应对演讲者表示感谢，并宣布进行提问和讨论。如果有人偏离了会议主题，主持人应给予礼貌的提醒。提问或讨论也应控制在规定的时间内。

(5) 主持人对演讲内容给予礼节性的肯定，并对演讲人再次表示感谢。如果接下去还有其他演讲人，就继续为大家介绍第二位演讲人，并请演讲人做报告。

(6) 主持人应在规定的时间内宣布会议的结束。在结束之前，主持人应对会议作简要的总结。如果就某些问题大家达成了一致意见，在结束前应予以重申。会议结束时，主持人应对前来出席会议并提供帮助的人表示感谢，另外，还要对协助组织会议的工作人员表示感谢。

### 2. 发言人礼仪

#### 1) 进入会场时的礼仪

演讲者进入会场时听众可能已经坐好，如果是几位演讲者同时进入会场，不可在门口过分推托谦让。听众如果起立鼓掌欢迎，演讲者应边走边举手表示谢意，不可东张西望，更不要止步与个别熟人打招呼、握手。

会议发言人礼仪.mp4

如果听众没有完全入场，演讲者可在指示的座位就座。坐好后不要左顾右盼找熟人、打招呼。

演讲前主持人通常要向听众介绍演讲者。主持人提到名字时，演讲者应主动站起来，面向听众，微笑致意。如果主持人介绍词中介绍了演讲者的成绩和事迹，听众反响强烈，演讲者应再次起身，向听众致谢。

#### 2) 演讲时的礼仪

当主持人提到名字时，演讲者应站起来，首先向主持人点头致意，然后走向讲台。走上主席台应步态自然，体现一种成竹在胸、自信自强的风度与气质。走上讲台后要慢步自然转弯，面向听众站好，正面扫视全场，与听众进行目光交流，然后以诚恳、恭敬的态度向听众致鞠躬礼或点头致意，稍稍稳定一下之后，再开始演讲。

演讲完毕，要向听众敬礼，向主持人致意。如果听到掌声，应再次向听众表示谢意，然后下台回原座位。

如果有会议参加者对发言人提问，应礼貌作答；对不能回答的问题，应机智而礼貌地说明理由；对提问人的批评和意见应认真听取，即使提问者的批评是错误的，也不应失态。

### 3. 参会人礼仪

#### 1) 参会着装礼仪

参会人员的着装要符合会议主题要求，比较正式的会议，男士要穿西服，夏天可穿浅色衬衫，女士的着装可灵活多变，但是一定要体现商务元素，色彩要淡雅，款式要简洁，线条要流畅。

参会人员的礼仪.mp4

#### 2) 参会行为礼仪

遵守会议纪律是每个与会者应做到的，这既是对会议组织者的尊重，也是对其他与会者的尊重。会议纪律通常包括以下几个方面。

(1) 按时到会和离会。

(2) 根据安排的位次就座。

(3) 保持会场安静，会议发言时不要接打电话、发微信，听报告时集中注意力，不

交头接耳、不打瞌睡、不翻阅资料。

(4) 保持坐姿端正，避免懒散体态，控制哈欠、咳嗽等。会议发言时，观众应尽量减少饮水次数，以示对发言人的尊重。

(5) 中途不随意进出，确实需要离开时，应尽量在发言结束一个单元后离开，离席时要弯腰、侧身，尽量少影响他人，并表示歉意。

(6) 服从会议组织者的安排，对主持人的提议作出积极的回应。演讲结束后，与会者应报以热烈的掌声，向演讲人表示赞赏和感谢。

(7) 有序退场。

# 二、会议的组织

### 1. 会议的发起

1) 确定会议主题与名称

会议主题是指会议需要研究的问题、需要达到的目的，会议主题要有切实的依据和明确的目的。会议名称要拟得妥当，名副其实。一般会名不宜太长，但也不能随便简化。会议名称必须用正确、规范的文字表达。

**常识栏**

## 会 标

大型的会议名称被制作成横幅大标语，置于会议主席台的上方或后方，作为会议的标志，简称"会标"。会标必须用全称，不能随意省略。

2) 确定会议规模、会期及参会范围

根据会议的内容、性质、议题、任务来确定出席会议和列席会议的有关人员，从而确定会议的规模和规格，并考虑主要参会者最适宜的参会时间，确定会期的长短和会议召开的时间，力求精简高效。

### 2. 会前准备

1) 制定会议预算

会议预算应包括会议场地租金、设备租金、交通费用、住宿餐饮费用，以及宣传、服务等其他支持费用。

对于场地租金，应根据会议的规模和规格确定会议场地并进行费用预算。一般场地的租赁已经包含某些常用设施，如音响系统、桌椅、主席台、白板或者黑板、油性笔、

粉笔等，但一些非常规设施并不涵盖在内，如投影仪、笔记本电脑、移动式同声翻译系统、会场展示系统、多媒体系统、摄录设备等，租赁时通常需要支付一定的使用保证金，租赁费用中包括设备的技术支持与维护费用。

会议交通费是参会人员交通往返的费用，如果由会议主办单位承担，则应列入预算；会议期间的各项活动如需使用车辆等交通工具，其费用也应列入预算。

通常主办单位会对会议伙食费补贴一部分，由与会者自己承担一部分；住宿费是由与会人员自理一部分，由会议主办者补贴一部分，也有主办单位全部承担的情况。如果无住宿要求，则预算中可不列此项。

其他支持费用包括文件资料的制作、印刷、礼仪、翻译、安保、宣传等，都要在预算中体现，以保障会议的顺利完成。

会议预算要符合相关规定，厉行节约。

2) 选择会场

会场的大小和规格应与会议规模相符，同时应考虑会议时间的长短，时间长的会议，场地不妨大些，如果是租借场地，场地租借的费用要合理。会议室尽可能不要紧靠生产车间、营业部等人声嘈杂的地方，以免受到干扰。会场应考虑交通便利，同时要考虑有无停车场所和安全设施问题。

## 会 议 空 间

一般来说，每人平均应有 $2\sim3m^2$ 的会议空间。

3) 安排会议议程

会议议程是对会议所要通过的文件、所要解决的问题的概略安排，并冠以序号将其清晰地表达出来。它是为完成议题而作出的顺序计划，即会议所要讨论、解决的问题的大致安排。会议主持人要根据议程主持会议。拟定会议议程是秘书人员的任务，通常由秘书拟写议程草稿，交上司批准后，在会前复印后分发给所有与会者。会议议程是会议内容的概略安排，它通过会议日程具体地显示出来。

4) 编制会议日程

会议日程是指会议在一定时间内的具体安排。会议日程需在会前发给与会者。会议日程是根据议程逐日作出的具体安排，它以天为单位，包括会议全程的各项活动，是与会者安排个人时间的依据。会议日程表的制定要明确具体，准确无误。会议日程一般采

用简短文字或表格形式，将会议时间分别固定在每天上午、下午、晚上三个单元中，使人一目了然。如有说明可附于表后。

在安排会议议程和日程时，要优先安排关键人物的时间，要保证重要人物能够出席会议。根据多数人意见安排日程，保证尽可能多的人员都有时间参与会议。

如遇几个议题，应按其重要程度排列，最重要的排列在最前面。尽量保证在最佳时间开会。每次会议的时间应控制在一个半小时左右，避免会议给人们带来疲劳。

## 如何根据生物钟安排会议时间

上午 8:00—11:30、下午 3:00—5:30 是人们精力最旺盛，思维能力及记忆力最佳的时机。所以，安排会议议程和日程时应将全体会议安排在上午，分组讨论可安排在下午，晚上则安排一些文娱活动。

5) 制发会议通知

按常规，举行正式会议均应提前向与会者下发会议通知。它是指由会议的主办单位发给所有与会单位或全体与会者的书面文件，同时包括向有关单位或嘉宾发的邀请函件。会议通知的方式有书面、口头、电话、邮件等。

会议通知的拟发由秘书处负责，会议书面通知或邀请函的内容包括：会议的主题(或名称)、召开会议的目的、与会人员(会议出席人)、会议的日程及期限、召开会议的地点、报到时间、路线、与会要求(如服装要求、应准备什么)、携带的材料和个人支付的费用、主办单位、联系人姓名和电话等。

下发会议通知，应设法保证其及时送达，不得耽搁延误。与会人员接到通知后，应向大会报名，告知将参加会议，以便大会发证、排座、安排食宿。重要的、大型的会议通知要编文号，一般的会议通知可以不编文号。

## 关于召开财险公司总经理会议的通知

各财险公司：

为贯彻落实中国保监会有关文件精神及省保监局会议要求，市协会决定召开财险公司总经理会议，现将有关事项通知如下。

一、会议时间

2019 年 7 月 12 日上午九点

二、会议地点

市保险行业协会会议室

三、会议内容

1. 学习中国保监会《关于整治机动车辆保险市场乱象的通知》文件精神；

2. 传达省保监局《规范车险市场秩序情况通报会会议纪要》的要求；

3. 其他事项。

四、参会人员

各财险公司总经理

市保险行业协会

2019 年 7 月 10 日

6) 布置会场

一是会场的设备准备，包括桌椅家具、通风设备、照明设备、空调设备、音像设备等，要尽量齐全。同时应该根据会议的需要检查有无需要租用的特殊设备，如演示板、电子白板、放映设备、音像设备、录音机、投影仪、计算机、麦克风等。

二是会议用品的准备，包括纸张、笔具、文件夹、姓名卡、座位签、黑白板、万能笔、粉笔、板擦、签到簿、茶具、水等。

### 3. 会中组织

会议举行期间，一般应安排专人在会场内外负责迎送、引导、陪同与会人员。对于与会的贵宾往往还需进行重点照顾。

参加会议人员在进入会场时一般要签到，会议签到是为了及时、准确地统计到会人数，便于安排会议工作。有些会议只有达到一定人数才能召开，否则会议通过的决议无效。因此，会议签到是一项重要的会前工作。会议签到一般有簿式签到、证卡签到、会议工作人员代为签到、座次表签到、计算机签到等多种方式。随着 AI(人工智能)技术发展，人脸识别智能会议签到系统也在一些会议会展中应用。

在会议会展签到服务中，积极融入 AI、大数据等技术，提供完整的参会人员邀约、注册、现场刷脸签到，数据统计服务，并根据会议会展场景需求，提供多样化的人脸识

别解决方案，支持 PAD 人脸识别、大屏人脸识别、闸机人脸识别签到，让会议活动拥有更加优质的体验。

凡重要的会议，均应进行现场记录，其具体方式有笔记、打印、速录、录音、录像等。可单用某一种，也可交叉使用。负责手写笔记会议记录时，对会议名称、出席人数、时间地点、发言内容、讨论事项、临时决议、表决选举等基本内容要力求做到完整、准确、清晰地记录。

举行较长时间的会议，会议组织一般要提前安排茶歇和工作餐。

### 4. 会后工作

1) 协助返程

大型会议结束后，主办单位一般应为外来的与会者提供返程的便利。应主动为对方联络、提供交通工具，或是替对方订购、确认返程的机票、船票、车票。当团队与会者或与会的特殊人士离开本地时，还可安排专人为其送行，并帮助其托运行李。

会议工作人员礼仪.mp4

2) 会议资料的整理与总结

在会议结束后，应对与其有关的一切图文、声像材料进行细致的收集和整理。收集、整理会议的材料时，应遵守规定与惯例，应该汇总的材料，一定要认真汇总；应该存档的材料，要一律归档；应该回收的材料，一定要如数收回；应该销毁的材料，则一定要仔细销毁。对于会议决议、会议纪要等，一般要求尽快形成，会议一结束就要下发或公布。

## 三、会议的座次安排

### 1. 大型会议座次安排

大型会议要在会场上分设主席台与群众席。主席台和群众席的座次要按照一定的礼仪规范进行安排。

1) 主席台排座

在国内，按照惯例排定主席团位次的基本规则有三个：一是前排高于后排；二是中央高于两侧；三是左侧高于右侧。判断左右的基准是顺着主席台上就座人的视线，而不是观众视线，主席台人数分为单数和双数的情形，如图 4-1、图 4-2 所示。

会议的座次安排.mp4

2) 主持人座席

主持人的具体位置有 3 种方式可供选择：一是居于前排正中央；二是居于前排的两侧；三是按其具体身份排座，但不能就座于后排。

图 4-1　主席台人数为单数时的座次安排

图 4-2　主席台人数为双数时的座次安排

3) 发言者席位

发言者席位，又叫作发言席。在正式会议上，发言者发言时不宜就座于原处发言。发言席的常规位置有两种：主席团的正前方，或是主席台的右前方(顺着主席台上就座人的视线)，如图 4-3 所示。

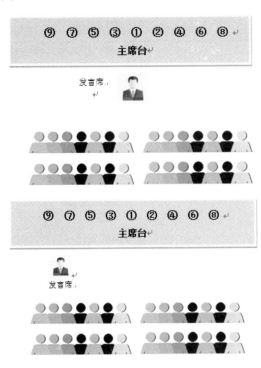

图 4-3　发言席的安排

4) 群众席的排座

在大型会议上，主席台之下的一切座席均称为群众席。群众席的具体排座方式有以下两种。一是自由式择座即不进行统一安排，而由大家各自择位而坐。二是按单位就座。

按单位就座指的是与会者在群众席上按单位、部门或者地区、行业就座。它的具体依据，既可以是与会单位、部门的汉字笔画的多少、汉语拼音字母的前后，也可以是其平时约定俗成序列。按单位就座时，若分为前排后排，一般以前排为高，以后排为低；若分为不同楼层，则楼层越高，排序越低。

在同一楼层排座时，又有两种普遍通行的方式：一是以面对主席台为基准，自前往后进行横排；二是以面对主席台为基准，自左而右进行竖排，如图4-4所示。

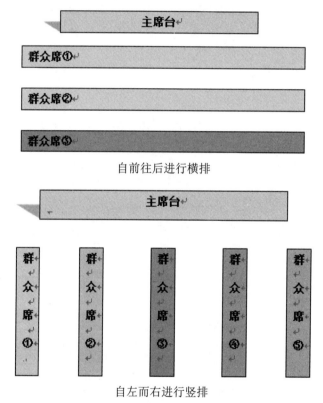

图4-4　群众席的安排

### 2. 小型会议座次安排

小型公司会议，一般是指参加者较少、规模不大的会议，其主要特点是全体与会者都应安排座位，不设立专用的主席台。小型公司会议的排座可采取以下3种形式。

1) 自由择座

不安排固定的具体座位，由全体与会者自由选择座位就座。

2) 面门设座

一般以面对会议室正门之位为会议主席的座位，其他的与会者可在两侧依次入座，如图 4-5 左图所示。

3) 依景设座

依景设座即会议主席的位置不必面对会议室正门，而是应背依会议室之内的主要背景之所在，如字画、讲台等，如图 4-5 右图所示。

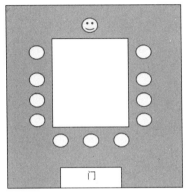
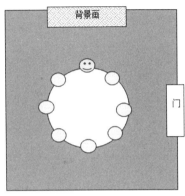

图 4-5　面门设座和依景设座

## 四、会见与会谈礼仪

在涉外商务活动中，为了融洽双边或多边的关系，促进彼此之间的了解与合作，或为达成某种合作意向或协议，商务人员经常需要在公司或主客双方约定的地点，与自己的业务伙伴及其他来往的客商进行会见和会谈，这是一种比较正式的商务活动，应认真准备，妥善安排，周密组织，不失礼仪。

会谈与会见的几种
座位安排.mp4

### 1. 商务会见

会见是指人们在某些正式场合的见面。按照惯例，凡身份高的人士会见身份低的，或是主人会见客人，一般称为接见或召见；身份低的人士会见身份高的，或是客人会见主人，一般称为拜会或拜见。会见就其内容来说，有礼节性的和事务性的，或兼而有之。

- 礼节性的会见时间较短，话题较为广泛，一般不涉及具体实质性问题，重在沟通信息，联络感情。
- 事务性会见指一般业务商谈，时间较长，也较严肃。

### 2. 商务会谈

会谈是双方或多方就实质性的问题交换意见、进行讨论、阐述各自的立场，或为求

得某些具体问题的解决而进行的严肃而正式的商谈。如各国贸易代表、各国企业及公司之间关于商务、经济合作等方面的会谈。会谈一般内容较为正式，专业性较强。会谈也可按照不同的类型进行分类。

- 按照会谈首席代表的身份、地位，可分为最高层次会谈、专业人员会谈。
- 按照会谈的内容性质，可分为实质性会谈、技术性会谈。
- 按照会谈程序又可分为预备性会谈、正式会谈和善后性会谈。

### 3. 会见与会谈座位的安排

以涉外双边会见与会谈为例，尊位确定要符合国际惯例和国际商务礼仪要求，在确定尊位时依据"面门设座"或"依景设座"原则，遵循"以右为尊"的国际惯例，如图 4-6 和图 4-7 所示。

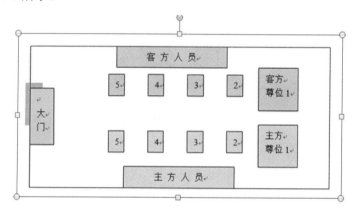

图 4-6　会见与会谈座位安排(面门设座)

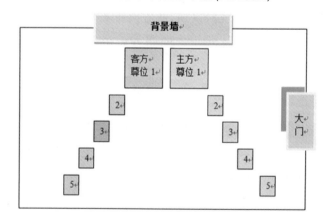

图 4-7　会见与会谈座位安排(依景设座)

如果主人一方同时会见两方或两方以上的客人，主人可以坐在长桌或椭圆桌的一端，而请各方客人坐在他的两侧。当客人较多，座次无法排列，或者大家关系比较熟悉时，没有必要刻意排列座次，大家自由落座即可。

# 第三节　商务谈判礼仪

商务谈判是重要的商务活动之一，商务谈判礼仪是在商务谈判过程中所必须遵守的，用来维护组织形象和对谈判对手表示尊重与友好的惯例及形式。尤其在涉外商务谈判中，参与人员的文化背景、宗教信仰、风俗习惯等不同，会直接影响谈判活动。遵守商务谈判礼仪，能使谈判活动体面而友好地进行。

## 一、谈判场所的选择、布置及座次安排

### 1. 谈判场所的选择

(1) 谈判场所可以在主方会议室或客方下榻的宾馆租用会议室。若出差在外，则宾馆的咖啡厅、商务套房的会客室都可以作为谈判场所，甚至旅行途中、参观现场等都可以。但是要注意不同的场合要用不同的谈判方式。比如在参观现场等场合较适宜交流、沟通，而在会议室则更适合相互讨价还价。

(2) 若外方来到中方所在城市，则一定要尽量安排在中方单位举行至少一次谈判。对合作伙伴来说，这是对合作方的一次综合性感受。虽然这种感受是表面的，但同样可以通过诸多细节使对方初步了解我方的管理水平和员工素质。这时候，中方安排活动就不能仅仅以安排谈判本身为唯一重点。

(3) 如果安排在中方单位或外方下榻宾馆以外的地方谈判，则要适当考虑一下交通、周围环境、项目的关联性以及与下一步活动的衔接等问题。

### 2. 谈判现场的布置

谈判场所的布置要以专业、严谨为基调，做到整洁卫生、光线明亮、温度适宜、环境安静。必要时可以制作一些简单大方的横幅或标语，准备好各种会议设备和文具。如白板、笔、幻灯机或多媒体投影仪，以及记录用的纸张、签字笔或铅笔，有时候还要配置录像、影碟播放设备。准备好茶和矿泉水。

### 3. 商务谈判的座次安排

谈判时的座次位序是一个比较突出而敏感的问题。谈判中的座次位序包含两层含义：一是谈判双方的座次位置；二是谈判一方内部的座次位置。适当的座次安排，能够充分发挥谈判人员最佳的传播功能，使双方的言语交往与非言语沟通收到最佳的效果。一位敏锐的谈判行家，会有意识地安排谈判人员的座次位置，并借以进行对己方最有利的谈判。

横桌式座次排列是指谈判桌在谈判室内横放,客方人员面门而坐,主方人员背门而坐。除双方主谈者居中就座外,各方的其他人应依其具体身份的高低,各自先右后左、自高而低地分别在己方一侧就座。双方主谈者的右侧之位,在国内谈判中可坐副手,而在涉外谈判中应该由翻译就座。最好设计座位卡放在桌上,这样参会人员都十分清楚自己应该坐在哪个位置。座位卡要用中文、外文两种文字两面书写,以便参会人员互相认识对方。我国的习惯是翻译坐在主人右手边,而客方的翻译和主方翻译相对而坐,如图 4-8 所示。

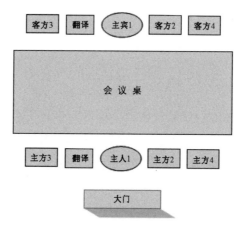

**图 4-8 商务谈判时的横桌式座次安排**

如会谈桌的摆放位置与会议室的正门方向平行,则以入门方向为准,右侧为客方,左侧为主方,主谈人居中,其他方面则与横桌式相仿,如图 4-9 所示。

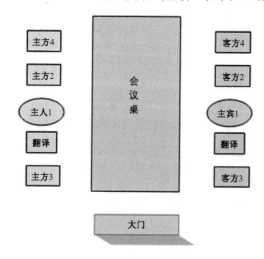

**图 4-9 商务谈判时的竖桌式座次安排**

在非正式场合或条件不具备时,只要遵循"以右为尊"这个基本原则就可以了。一般是等主人或主宾就座后,其他人就座于主人或主宾两旁。

## 二、出席谈判人员的着装与仪容礼仪

### 1. 男士的着装与仪容

- 着装：出席商务谈判的男士应穿深色的西装套装、白色(或浅色系)衬衣，打素色或条纹领带，配深色袜子和黑色皮鞋。而不应穿着夹克衫、牛仔裤、T 恤衫、旅游鞋、凉鞋等休闲服装出席。

- 配饰：除结婚戒指外，一般不戴其他首饰。最好戴上商务款式的手表，既能掌握时间，又是最好的装饰品。

- 头发：发型简单大方，长短适宜，干净整齐，不留新潮、怪异的发型。

- 面部：胡须、眼角、鼻孔都要保持干净清爽。谈判前，不要进食大蒜、葱、韭菜、洋葱等易使口腔产生异味的食物。保持牙齿清洁，没有残留物，也没有异味。

- 手：被商界称为"第二张名片"。谈判时，握手问候、交换名片和递送文件等都会将手展示于人，因此，及时修剪指甲，保持手的干净整齐也是必要的。

### 2. 女士的着装与仪容

- 着装：端庄、典雅的套裙是职业女性出席谈判场合的最佳选择。套裙的颜色以单色为好，配上肉色的长筒丝袜和黑色有跟鞋。

- 配饰：与服饰搭配，可以适当点缀一两件首饰，但不要佩戴太多的首饰，以免与商务谈判的严肃气氛不吻合。

- 头发：出席商务谈判的女性，应选择端庄大方的发型，修剪得体的中短发最好，过于时髦、怪异的发型，染发和不加以固定的长发，都不适合出现在这种场合。

- 面部：应化淡雅的日妆，保持妆容的和谐清爽，可适当使用清新的淡香水。

- 手：女性手部除保持干净整齐外，可适当使用指甲油美饰一下指甲，要选用无色透明或浅色系的指甲油，不宜涂抹彩色指甲油。

## 三、出席谈判人员的言谈举止礼仪

### 1. 谈判者的举止

谈判者的举止是指谈判者在谈判过程中坐、站、行所持的姿态。在商务谈判中，对举止的要求是适度。

(1) 坐姿。一般从椅子的左边入座，坐下后，身体应尽量保持端正。在谈判中，不

同的坐姿传递着不同的信息,具体如下。

- 挺着腰笔直的坐姿,表示对对方或对谈话有兴趣,也是一种对人尊敬的表示。
- 弯腰曲背的坐姿,是对谈话不感兴趣或感到厌烦的表示。
- 斜着身体坐,表示心情愉快或自感优越。
- 双手放在跷起的腿上,是一种等待、试探的表示。
- 一边坐着一边双手摆弄手中的东西,表示一种漫不经心的状态。

(2) 站姿。正确的站立姿势应该是两脚脚跟着地,两脚呈 45°角,腰背挺直,自然挺胸,两臂自然下垂。在谈判场合,不同的站姿会给人不同的感觉:背脊笔直给人充满自信、乐观豁达、积极向上的感觉;弯腰曲背给人缺乏自信、消极悲观、甘居下游的感觉。

(3) 行姿。对于行走的姿态男女有不同的要求,男性行走时上身不动、两肩不摇、步态稳健;女性走路时上身自然挺直、收腹,两手前后摆动幅度要小,两腿并拢,小步前进,走成直线,步态要自如、匀称、轻柔。参加谈判的人员走路应步伐沉稳,速度适中,不应过快或过慢:过快的步伐给人以焦急、烦躁的感觉;过慢的步伐给人以散漫、沉重的感觉。

### 2. 谈判者的谈吐

与举止一样,谈判者的谈吐是影响谈判的又一重要因素,总体来说,交谈时表情要自然,表达要明确。具体如下。

(1) 我方发言之后,应留出一定的时间供对方发表意见,切忌喋喋不休,以自我为中心。

(2) 对方发言时,应认真倾听,不要表现出心不在焉的样子,如望着别处、伸懒腰、玩东西等漫不经心的动作都是应该避免的。

(3) 不要轻易打断别人的发言,即使有不同的观点和看法,也应等对方讲完后再表达。打断别人的谈话是不礼貌的行为。

(4) 交谈时应使用礼貌用语。如"你好""请""谢谢""对不起"等。

(5) 交谈中不能出现伤害对方的言辞,否则会激怒对方。

## 四、与外国商人的谈判礼仪

与外国商人的谈判既要考虑谈判特点,有针对性地进行相应的准备,又要注重谈判过程中的礼仪规范和礼仪禁忌,特别是不同国家的商业文化对谈判的影响。根据我国对外贸易伙伴的分布,下面重点介绍与日本、美国、英国和阿拉伯商人谈判过程中的礼仪规范。

**1. 与日本商人的谈判**

日本文化深受中国传统文化的影响，儒家思想文化深深积淀于日本国民的内心深处，并在其行为方式中处处体现出来。与此同时，善于学习外国先进技术的日本民族结合自己本国的特点，创造出了独特的日本文化。他们慎重、耐心、礼貌、自信、精明强干，进取精神很强，工作勤奋刻苦，态度认真，一丝不苟，充分体现在办事和程序上计划性很强，又显得很有条理性，事前准备工作充分，不轻信别人，考虑交易的长远影响，而不过分争取眼下的利益，善于开拓新的交易市场，这也许是由日本国内资源缺乏、市场狭小而具有的忧患意识决定的。日本人是东方民族经商的代表，其谈判风格具有典型的东方特色。

日本人的团队精神是世人皆知的，日本企业多采取家族式的经营管理方式就可以说明这一点，这种管理方式使个人、家庭与企业紧密地联结在一起，使个人对集体产生强烈的依赖感、归属感、忠诚与责任心，从而使日本企业组织内部的统一性、协调性达到很高的水平。

1) 日本商人的谈判特点

日本商人的谈判是"团体赛"式的谈判，在谈判桌上，他们信守哈佛大学创造的"重点放在利益上而非立场上"这一格言。此外，还善于施展各种手段取胜。日本商人的谈判艺术归纳起来有以下几个特点。

日本人不喜欢硬性、快速的"推销式"的谈判，他们讨厌进攻性地、滔滔不绝地讲话；相反，他们注重镇静、自信、优雅和耐心，喜欢在介绍情况时作"低调"处理。

日本人会尽量多安排一些人员参加谈判，一方面，日本人强调集体主义，在集体中他们会有一种心理上的安全感；另一方面，日本公司的决策需要各个部门、各个层次的雇员参加，参加谈判的人越多，越容易在最后的决策中达成一致意见。

日本人很注重在交易谈判中建立和谐的人际关系。这样，往往在商务谈判过程中，有相当一部分精力和时间是花在人际关系中。在正式会谈之前，他们常举行一些带有社交性质的聚会，以试探对方的意图、个性和可信程度。

如果初次同日本企业建立交易关系，或者商谈的内容十分重要，那么，在谈判开始的时候，我方地位较高的负责人拜访对方日本企业中同等地位的负责人是十分重要的，它会促使日本企业重视与我方之间的交易关系。

2) 与日本商人谈判的礼仪规范和礼仪禁忌

日本实行 5 天工作制。一般政府机关和企业办公时间为星期一至星期五的上午 9 点至下午 5 点或 6 点，中间有一小时的午餐时间。银行的办公时间为星期一至星期五的上午 9 点至下午 3 点，星期六上午 9 点至中午。所有银行在每个月的第二个星期六均停止营业。到日本进行商务活动，要避开 12 月中旬到次年 1 月中旬、黄金周(4 月 29 日至 5

月 5 日)和 7 月、8 月。一定要遵守事先约定的时间,必须准时到会。

日本人的一般问候形式是鞠躬而不是握手,要互换名片。不能用名来称呼日本人,只有家人和亲密的朋友才能这样做;而要使用他的姓,称呼"某某先生"。日本人很少在家中款待客人,如被邀请到日本人家中时,要在过厅摘掉帽子与手套,然后脱鞋;习惯上不给女主人送花,而是送上一盒蛋糕或糖果。

日本商人走出国门进行商务谈判时,总希望对方能够前往机场、车站或码头迎接,迎接人的地位要等同或略高于日本商人的地位。在会面时,日本商人很重视交换名片。一般情况下,不管在座的有多少人,他们都一一交换名片,当接过对方的名片时,他们都要仔细地端详,认真地研究,然后两眼平视对方,说上一句"见到你很高兴"之类的客气话。

要避免一开始谈判就派公司的高级职员参加,除非了解到日本方面将会有高级办事人员出席,一定要让双方谈判人员在授权上平衡。谈判过程中要配一名翻译,这样既有助于交流看法,又可以帮你倾听日本谈判班子有何评价。但尽量不要带律师、会计师和其他职业顾问参加谈判,这会被看作一种不友好的行为。不要在谈判过程中偷偷增加人数,也不要中途更换谈判者。代表团中尽量不包括年轻人和妇女,因为日本人很难相信年轻的谈判者会有决策大权,会认为与他们谈判是浪费时间和有失尊严的行为。

**2. 与美国商人的谈判**

美国,全称为"美利坚合众国",面积为 936 万平方公里,人口约 3.3 亿(2019 年初数据)。居民主要信奉基督教、罗马天主教,英语为其国语。目前是世界第一经济大国和贸易大国。美国人大部分是欧洲的后裔,所以思维方式、生活习惯和欧洲很接近;同时,不同的生活环境又使美国人有许多与欧洲不同的礼仪和习俗。

1) 美国商人的谈判特点

有人将美国人的性格特点归纳为外露、坦率、真挚、热情、自信,在谈判中,他们的自信心和自尊感都比较强,有很强的自我优越感。他们说话声音大、速度快,办事讲究效率,喜欢别人按他们的意愿行事,喜欢以自我为中心。有时会让东方人感到咄咄逼人、傲慢。

美国人做生意时更多考虑的是做生意所能带来的实际利益,而不是生意人之间的私人交情,他们认为谈生意就是谈生意,不注意在洽商中培养双方的友谊,而且还力图把生意和友谊清楚地分开,所以显得比较生硬。

在谈判中,他们的喜怒哀乐大多通过言行举止表现出来,不论在陈述己方观点,还是表明对对方的立场态度上,都比较直接、坦率。如果对方提出的建议他们不能接受,也会毫不隐讳地直言相告。

美国是一个高度法治的国家，解决矛盾纠纷习惯于诉诸法律。他们这种法律观念在商业交易中也表现得十分明显。为了保证自己的利益，最公正、最妥善的解决办法就是依靠法律、依靠合同。因此，他们特别看重合同，在商业谈判中对于合同的讨论特别详细、具体，也关心合同适用的法律，以便在执行合同的过程中能顺利地解决各种问题，在谈判时他们尽可能让称职的律师参加谈判。

美国是一个高度发达的国家，生活节奏比较快，这使得美国人特别重视、珍惜时间，注重活动的效率。所以在商务谈判中，美国人常抱怨其他国家的谈判对手拖延，工作效率较低，而其他国家的人也埋怨美国人缺少耐心。

在美国企业中，各级部门职责分明，分工具体。因此，谈判的信息收集、决策都比较快速、高效率。加之他们个性外向、坦率，所以，他们谈判的一般特点是开门见山，报价及提出的具体条件也比较客观，水分较少。

美国人时间观念很强，遵守时间约定，珍惜时间。与美国商人谈判必须守时，办事必须高效。

美国人喜欢井然有序，美国商人或谈判代表注重预约，时间、地点、谈判时长都需要事先进行约定，双方见面后，稍作寒暄，便进入谈判正题，很少有不必要的废话。他们不喜欢事先没安排妥当的不速之客来访。与美国人约会，早到或迟到都是不礼貌的。

2) 与美国商人谈判的礼仪规范和礼仪禁忌

美国实行 5 天工作制。商务活动要避开 6～8 月，因为这期间多数商人会去度假。圣诞节和复活节前后两周也不宜前往。与美国商人进行商务活动绝对要预约，赴会要准时，但商贸谈判有时也会比预定时间推迟 10～15min。

美国人习惯保持一定的身体间距，交谈时每隔 2～3s 有视线接触，以表达兴趣、真挚的感觉。彼此问候较随便，大多数场合下可以直呼名字；对年长者或地位高的人，在正式场合下，则使用"先生""夫人"等称谓。在比较熟识的女士之间或男女之间会亲吻或拥抱。

### 3. 与英国商人的谈判

英国全称为"大不列颠及北爱尔兰联合王国"，简称联合王国，英国为略称，是欧洲西部的群岛国家，主要宗教是新教和罗马天主教。一方面，英国是世界经济发达的国家；另一方面，它又是西欧七个王国之一，也是迄今为止比较完整地保持皇室古老传统的国家。国王和女王在国事、商事乃至社会风尚方面，依然起着很大的影响和作用。

1) 英国商人的谈判特点

英国是最早的工业化国家，早在 17 世纪，它的贸易就遍及世界各地，但英国人的民族性格是传统、内向、谨慎的。尽管从事贸易的历史较早，范围广泛，但是贸易洽商特点却不同于其他欧洲国家。

英国人不轻易与对方建立个人关系。即使是本国人，人们之间的交往也比较谨慎，很难一见如故。他们不轻易相信别人，依靠别人。这种保守、传统的个性，在某种程度上反映了英国人的优越感。但是你一旦与英国人建立了友谊，他们会十分珍惜，长期信任你，做生意时关系也会十分融洽。所以，一个结论就是，如果你没有与英国人长期打交道的历史，没有赢得他们的信任，没有最优秀的中间人作介绍，就不要期望与他们做大买卖。

尽管英国是老牌的资本主义国家，但那种平等和自由更多地表现在形式上。在人们的观念中，等级制度依然存在。在人们的社交场合，"平民"与"贵族"仍然是不同的。例如，在英国上流社会，人们喜欢阅读的是《时报》《金融时报》；中产阶层的人阅读《每日电讯报》。在对外交往中，英国人比较注重对方的身份、经历、业绩，所以，在必要的情况下，与英国人谈判，派有较高身份、地位的人，有一定的积极作用。

他们善于简明扼要地阐述立场，陈述观点；在谈判中，表现更多的是沉默、平静、自信、谨慎，而不是激动、冒险和夸夸其谈。

他们很重视合同的签订，喜欢仔细推敲合同的所有细节。一旦认为某个细节不妥，便拒绝签字，除非耐心说服，并提供有力的证明材料。英国商人一般比较守信用，履约率比较高。注意维护合同的严肃性。但国际上对英国商人比较一致的抱怨是：英国人有不大关心交货日期的习惯，出口商品经常不能按期交货。所以，在与英国人签订的协议中万万不可忘记写进延迟发货的惩罚条款加以约束。

2) 与英国商人谈判的礼仪规范和礼仪禁忌

在英国进行商务活动最好选择 2～6 月和 9 月中旬至 11 月，要避开圣诞节及复活节前后两周时间。英国银行每年 6 月的第一个周末为春假节，8 月最后一个周末为暑假节。

英国人不喜欢客户随便称呼他们的名字，在你的合作伙伴未提出互相称呼名字之前，要一直用"某先生""某博士""某夫人""某小姐"等称呼。如果是有爵位的人，可以用爵位相称。

在洽谈过程中避免谈论到英国皇室及其成员，比较好的寒暄话题是天气。

### 4. 与阿拉伯商人的谈判

阿拉伯国家一般指以阿拉伯民族为主的国家。他们有统一的语言——阿拉伯语，有统一的文化和风俗习惯。

1) 阿拉伯商人的谈判特点

阿拉伯人很珍视信誉，谈生意必须首先赢得他们的好感和信任。阿拉伯人十分好客，对远道而来并亲自登门拜访的外国客人非常尊重。当合同开始生效时，拜访次数可

以减少，但定期重温、巩固和加深已有的良好关系仍然非常重要，重信义、讲交情的形象，会在日后的谈判中获得意外回报。

阿拉伯人不喜欢通过电话谈生意，一见面就匆忙谈生意同样被认为是不礼貌的。他们习惯于从一些社会问题或其他问题开始，使得初期的若干次接触往往涉及不到实质性话题。对此，要有足够的耐心并保持镇静的心态。

他们特别重视谈判前期阶段长时间的、广泛的、友好的会谈，在彼此敬意不断增加的同时，他们也对谈判中一些问题进行试探、摸底，并间接地进行讨论。如果这时的另一方谈判者显得急躁，不断催促，会欲速则不达。所以，一定要适应阿拉伯人与众不同的慢节奏。

在阿拉伯国家中，谈判决策由上层人员负责，但中下级谈判人员向上司提供的意见或建议也会得到高度的重视，他们在谈判中同样具有重要的影响。

在阿拉伯国家商界中的一个重要阶层是代理商，几乎所有阿拉伯国家的政府都坚持，无论外商的生意伙伴是个人还是政府部门，其商业活动都必须通过阿拉伯代理商来开展。这种代理制度，不仅有利于维护阿拉伯国家的利益，而且对外国商人来说也是大有裨益的。这些代理商有广泛的社会关系网，深谙民风国情，同企业或政府部门有着直接或间接的联系。好的代理商会在商务谈判的各项事务中，为外商提供便利。如协助雇主与有关部门尽早取得联系，促使其尽早作出决定；快速完成日常文书工作，加速通过烦冗的文牍壁垒；帮助安排贷款回收、劳务使用、物资运输、仓储乃至膳食等事宜。如果缺乏合适代理商的斡旋与协助，则商务活动难以顺利进展。

在阿拉伯国家，商店无论大小，均可讨价还价。不还价即成交，会被买主认为小看自己。反之，讨价还价后即便什么都没买，也会赢得对方的尊重。为适应阿拉伯人善于讨价还价的习惯，应建立起见价即讨的意识：凡有交易条件，必须准备讨与还的方案；凡想成功的谈判，必定把讨价还价做得轰轰烈烈。高明的讨价还价要显示出智慧，讨而有理，还而有据，方能令人信服，做到形式上相随，实质上求利益。

阿拉伯人更欣赏可视性强、直观形象的相关资料。因此，在谈判中可以采用多种方式，如采取数字、图形、文字和实际产品相结合的方式，形象地向他们说明有关情况，加强说服力，增进认知程度。

2) 与阿拉伯商人谈判的礼仪规范和礼仪禁忌

阿拉伯人从星期六到下个星期四为办公日。星期五是他们的休息日和祈祷日。遇到斋月，阿拉伯人在太阳落山之前，既不吃也不喝。外商也应做到入乡随俗，尽量避免接触食物和茶。若主人将食物和茶放在待客的房子内，外商应表示理解并尊重他们的习俗。

在阿拉伯国家中，男子不主动与妇女握手。所以女士要注意不要主动要求与阿拉伯人握手。由于在该地区，左手被认为是不洁净的手，握手时一定要使用右手。

送给阿拉伯人的礼物，不能带有动物形象，更不能送带有女人形象的画片、图片等，此外，酒也不能作为礼物，这些都是伊斯兰教规所禁止的；不能给阿拉伯人的妻子送礼，但给孩子送礼特别受欢迎。

# 思考与练习

## 一、单选题

1. （　　）是法定性会议。
   A. 部门例会 　　　　　　　　　B. 新产品发布会
   C. 新闻发布会 　　　　　　　　D. 股东代表大会

2. 在主席台上安排专门的发言席时，这个位置可以设在（　　）。
   A. 观众席前排右边
   B. 主席台的正前方或右前方（顺着主席台的视线）
   C. 主席台的正前方或右前方（顺着观众的视线）
   D. 观众席前排左边

3. 正式会议中，发言人演讲完毕后，要向听众敬礼，向主持人致意，如果观众有掌声，应（　　）。
   A. 与主持人持续互动
   B. 不必理会观众，直接回到座位
   C. 自由发挥演讲内容，直到观众再次鼓掌
   D. 向听众表示谢意，然后回到原座位

4. 会议主持人根据（　　）来主持会议。
   A. 会议日程 　　　B. 会议文件 　　　C. 会议议程 　　　D. 会议材料

5. 会见是指人们在某些正式场合的见面。按照国际惯例，身份高的人士会见身份低的，一般称为（　　）。
   A. 接见 　　　　　　B. 会见 　　　　　　C. 拜会 　　　　　　D. 拜见

6. 下列哪些地点可以作为双方正式的谈判场所？（　　）
   A. 参观现场 　　　　　　　　　B. 客方下榻酒店房间
   C. 旅行途中 　　　　　　　　　D. 主方会议室

7. 在英国进行商务活动最好选择（　　）。
   A. 圣诞节前后 　　　　　　　　B. 2～6月
   C. 夏天 　　　　　　　　　　　D. 都可以

二、讨论题

1. 什么人能够担任会议主持人？

2. 结合实际讨论参加会议时需要注意哪些礼仪。

三、训练题

1. 根据老师给的背景资料，写一份会议通知。

2. 根据不同场景，进行角色扮演，模拟商务谈判的位次安排。

# 第五章　商务仪式礼仪

**本章导读：**

本章以不同的仪式规范对商务活动中较常见的仪式礼仪做了概括，重点放在了商务活动中涉及较多的签字仪式、开业庆典仪式、展览会仪式上，分别从不同的礼仪角度对以上几种仪式进行了详细的介绍。

## 第一节　签字仪式礼仪

签字仪式是商务会谈的后续程序。它是指订立合同与协议的各方在合同、协议正式签署时所举行的仪式。签字仪式是一种比较隆重、正式的礼仪，礼仪规范比较严格。举行签字仪式，不仅是对谈判成果的一种公开化、固定化，而且是有关各方对自己履行合同、协议所作出的一种正式承诺。因此对于签署合同这种被称为各方关系发展史"里程碑"式的重大事件，应当严格地按照规范运用礼仪。

## 一、签字仪式的作用

### 1. 反映主客双方对商谈成果的重视

签字仪式是在会谈文件上签字的一种比较隆重的形式，只有在会谈双方对会谈成果满意时才会举行，并且有时主客双方还必须派出职位较高的领导出席。举行签字仪式体现了双方的诚意，反映了双方对商谈成果的重视。

签字仪式的意义.mp4

### 2. 明确会谈文件的有效性

会谈中产生的正式文本只有经过会谈双方的签字才能生效，而且一般都要举行签字仪式以表示通过确认而生效。因此，签字仪式是商务谈判的延续。

### 3. 扩大双方所代表公司的影响力

举行签字仪式时，签字各方都要派代表参加，并邀请记者前来采访、做宣传报道，既扩大影响，又有利于树立双方所代表公司的形象及提高公司的知名度与美誉度。

### 4. 签字仪式的适用场合

签字既是一种非常常见和实用的仪式，又是一种纯礼仪仪式。其适用场合如下。

一般国家间通过谈判，就政治、军事、经济、科技等某一领域相互达成协议，缔结条约或公约时，要举行签字仪式。

不同组织之间通过会谈、谈判，最终达成有关合作项目的协议、备忘录、合同书等，通常也举行签字仪式。

## 二、签字仪式的准备

### 1. 合同文本的准备

签字仪式是在记载各方达成共识和协议的合同文本上签字，当谈判达成协议之后，主客双方应派专人负责待签文本的准备，即定稿、翻译、校对、印刷、装订、盖印等一系列工作。

定稿是通过谈判确定的会谈正式文件中各项具体条款及其表述，这是待签文本形成的前提，也只有在文本最后定稿后，签字仪式才能举行。

如果是涉外双方签约，签字文本应当用双方的文字写成，必要时还可以使用第三种文字。

会谈的正式文本有正本(即签字文本)与副本，正本用于签字后由各方各自保存，或由专门的机构保存。有时为了方便工作，也可以印制若干副本。副本的法定效力、印制数量和各方保存的份数，由缔约各方根据实际需要协商确定，并在条款中加以规定。一般情况下，副本不用签字、盖章，或者只盖章、不签字。

在准备过程中，除了要核对协议条件与文本的一致性以外，还要核对各种批件、许可证及相关文件是否齐全，合同内容与批件内容是否相符等。在审核文本时，必须对照原稿件，做到一字不漏；如果在审核过程中发现问题要及时通报，直到达成一致，并相应调整签约时间。协议涉及几个利益方就要为签字仪式准备几份文本。如有必要，还应为每一方提供一份副本。

为了保证文本在签字后立即生效，一般在举行签字仪式前，先在签字文本上盖上双方的公章，这样，文本一经签字便具有法定效力。外交方面的签字文本需事先加盖火漆印。

待签文本应该装订成册，并以真皮、仿皮或其他高品质材料作为封皮，规格一般是大八开，印刷要精美，以示郑重。

正本即签字文本。国际性多边会谈的最后文本可以使用多种文字书写和印刷，形成多种文字文本。缔约各方可以在每一种文字文本上签字，也可以仅在一个共同商定的文本上签字。如《保护工业产权巴黎公约》，文字文本有法、英、德、意、葡、俄、西文等，但签字文本只有法文文本一种。

### 2. 出席人员的选派

参加签字仪式的人员应在举行签字仪式之前预先确定好，并向有关方面通报。客方尤其要将自己一方出席签字仪式的人数提前告知主方，以便主方安排。

主签人是签字仪式上的主要角色。国内企业之间的合同签字，必须由法人代表签字，或者由法人代表所委托的人员签字。委托签字时必须出示委托人亲笔签署的委托书。各方主签人的职务和身份应当一致或大体相等。比如企业之间举行签字仪式，一方由董事长作为主签人签字，另一方也应由董事长出面作为主签人，在没有十分特殊的情况下，不应选派职位较低的人员作为主签人出席。

助签人的主要职责是在签字过程中帮助签字人员翻揭文本，指明需要签字之处。双边签字时，双方助签人的人选应事先商定。多边签字时，也可由主方派一名助签人，依次协助各方签字。助签人首先必须参加谈判的全过程，参与待签文本的整理、起草和制作工作，同时应非常熟悉业务，且认真仔细。

为了表示对谈判成果的重视和庆贺，签约各方也可以派出身份较高的领导人参加签字仪式，但应当注意规格大体相等。

主持人的职责是向全体签字仪式的参加人员介绍致辞人的身份，主持人一般由主办单位担任，但应当同其他各方协商确定主持人的身份。

见证人主要是参加会谈的人员，各方人数应当大致相等。有时也可邀请律师、公证机关的公证人员等参加签字仪式。

有时为了充分发挥签字仪式的鞭策和宣传教育效应，可邀请主办单位或双方单位的部分群众代表参加，以鼓舞员工的士气及渲染气氛。

## 三、布置签字厅

### 1. 选择签字场地

举行签字仪式的场地，一般视参加签字仪式的人员规格、人数

签字场地的布置.mp4

以及协议内容重要程度来确定，有设专用场地的，也有临时以会议厅、会客室来代替的；也可以选择在客人所住的宾馆、饭店或主办方的会客厅、洽谈室举行。无论选择何处，都应征询双方的同意。

### 2. 布置场地

签字厅内最好铺满地毯，除了必要的签字用桌椅外，其他的陈设都不需要。正规的签字桌应为长桌，桌上最好铺设深绿色台呢。

签字仪式的会标要求醒目，写法有如下两种。

- 由签约双方名称、签字文本标题和"签字仪式"或"签约仪式"构成。
- 由签约各方的名称、签约内容和"签约仪式"构成。

在签字桌上，应事先安放好待签文本以及签字笔、吸墨器等签字时所用的文具。签字桌上可放置各方主签人的席卡。席卡一般写明签约的国家或组织的名称、签字人的职务及姓名。涉外签字仪式应当用中、外文两种文字标示。

签署双边性合同时，可放置两把座椅，供主签人就座。签署多边性合同时，可以仅放一把座椅，供各方主签人签字时轮流就座，也可为每位主签人都提供一把座椅。

与外商签署涉外商务合同时，要在签字桌上插放有关各方的国旗。插放国旗时，在位置与顺序上必须依照礼宾序列而行。例如签署双边性文本时，双方的国旗插放在该方主签人座位的正前方。

## 四、签字厅的座次安排

### 1. 情形一(如图 5-1 所示)

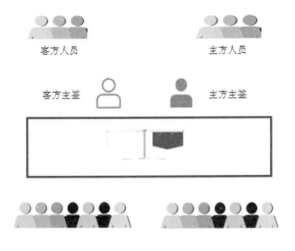

图 5-1　签字厅的座次安排(1)

2. 情形二(如图 5-2 所示)

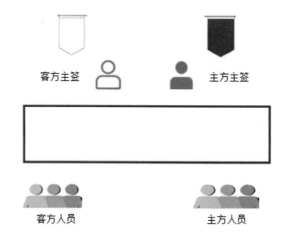

图 5-2　签字厅的座次安排(2)

3. 情形三(如图 5-3 所示)

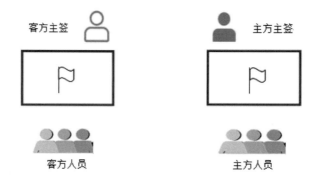

图 5-3　签字厅的座次安排(3)

## 签字仪式的注意事项

双方主签人的身份和职位应对等，过高或过低都会造成不必要的误会。其他人员在站立的位置和排序上也应有讲究，不可自以为是。在整个签字仪式完成之前，参加仪式的双方人员都应平和微笑地直立站好，不宜互相走动谈话。

## 五、签字仪式的流程

签字仪式流程.mp4

### 1. 参加签字仪式的人员进入签字厅

有关各方人员进入签字厅，按照礼仪次序在指定的位次上坐好。

双方助签人分别站在本方主签人的外侧，协助翻揭文本，指明签字处，待签字完毕，应用吸墨器为已经签署的文本吸墨防洇。

### 2. 主签人签署文本

(1) 主签人首先应在本国保管的文本上签字，然后由助签人帮助交换文本。

(2) 主签人在对方文本上签字。

常识框

#### 签字仪式中的"轮换制"

为了显示机会均等、双方平等，在签署文本时，可轮流签字使双方有机会居于首位一次。因此，主签人签署文本通常的做法是：先签署本方保存的合同文本，再接着签署对方保存的合同文本，这一做法在礼仪上称为"轮换制"。

由本国主签人在本国保管的文本最上方签字的形式叫作"优先签字"。

多国间举行签字仪式时，通常按礼宾次序中参加国国名字母顺序进行。本国代表应在本国保管的文本上签字处最上方位置签字。各国签字人必须分别在每个国家的文本上签字。

### 3. 主签人交换合同文本

双方主签人签字完毕，应交换正式签署的文本，均保留本方首签的文本。交换后，双方主签人应热烈握手，互致祝贺。这时出席签字仪式的所有在场人员应该鼓掌，以表示祝贺。

### 4. 双方合影留念

在不同签字仪式场合，有的允许从头至尾拍照而不受限制，有的场合只允许拍摄其中某一场面。

签字结束后，一般要安排合影，合影时请双方人员排成一行，按照位次顺序依次站好。客方人员按其身份自左至右居于右侧，主方人员按其身份自右而左居于左侧，若一行站不开时，则可参照"前高后低"的规则，排成两行或三行。

# 第二节　开业庆典礼仪

开业庆典是指在开业，项目完工、落成，某一建筑物正式启用，或是某项工程正式开始之际，为了表示庆贺或纪念，按照一定的程序隆重举行的专门的庆典。开业庆典是某项事物开端性的标志，是在社会公众面前的第一次亮相。在不同的场合，还有其他一些名称，如开幕仪式、开工仪式、奠基仪式、破土仪式、竣工仪式、下水仪式、通车仪式、通航仪式等。它们有自己的共性，都是要以热烈而隆重的仪式为事业发展创造一个良好的开端，但是在仪式的具体运作上存在着差异。

## 一、奠基与破土仪式

### 1. 奠基仪式

奠基仪式通常是指一些重要的建筑物，比如大厦、场馆、亭台、楼阁、园林、纪念碑等，在动工修建之初，所正式举行的庆贺性活动。

对于奠基仪式现场的选择，是有一些独特的规矩的。奠基仪式举行的地点，一般应选择在动工修筑建筑物的施工现场。而奠基的具体地点，则按常规均应选择在建筑物正门的右侧。

在一般情况下，举行奠基仪式的奠基石应为一块完整无损、外观精美的长方形石料。在奠基石上，所刻文字应当竖写，奠基石上的字体，大都讲究以楷体字刻写，并且最好是白底金字或黑字。在奠基石右上方，应刻有所建建筑物的正式名称。在奠基石正中央，应刻有"奠基"两个大字。在奠基石左下方，则应刻有奠基单位的全称以及举行奠基仪式的具体年月日。

通常，在奠基仪式的举行现场应设立彩棚，安放该建筑物的模型或设计图、效果图，并使各种建筑机械就位待命。

首先由奠基人双手持握系有红绸的新铁锹为奠基石培土。随后，由主人与其他嘉宾依次为之培土，直至将奠基石埋没为止。

### 2. 破土仪式

破土仪式，也称破土动工。它是指在道路、河道、水库、桥梁、电站、厂房、机场、码头、车站等正式开工之际，所专门为此而举行的动工仪式。

破土仪式举行的地点，大多应当选择在工地的中央或某一侧。

举行仪式的现场，务必事先进行过认真的清扫、平整、装饰。至少要防止出现道路坎坷泥泞、飞沙走石的状况。

如果来宾较多，最好在现场附近临时搭建帐篷或活动房屋供来宾休息。

所有嘉宾环绕站立，破土者双手拿着系有红绸的新铁锹垦土三次，以表示整个工程有一个良好的开端。最后，全体在场者鼓掌祝贺。

## 二、通车、通航及下水仪式

### 1. 通车仪式

通车仪式，大都是在重要的交通建筑完工并验收合格之后所正式举行的启用仪式。公路、铁路、地铁以及重要的桥梁、隧道等，在正式交付使用之前，会举行一次以示庆祝的通车仪式。

举行通车仪式的地点，通常在新建公路、铁路、地铁、桥梁的某一头，或者新建隧道的某一侧。

在现场附近以及沿线两旁，应适量地插上彩旗、挂上彩带、悬挂横幅。在通车仪式上，被装饰的重点，应当是进行第一次行驶的汽车、火车或地铁列车。在车头上，一般应系上红花。在车身两侧插上彩旗，系上彩带，并且悬挂醒目的宣传性标语。

### 2. 通航仪式

通航仪式，又称首航仪式。它所指的是飞机或轮船在正式开通某一条新航线之际，所正式举行的庆祝性活动。一般而言，通航仪式在具体程序的操作上，往往与通车仪式大同小异。因此，进行实际操作时，一般均可参照通车仪式的具体做法进行。

### 3. 下水仪式

下水仪式是指在新船建造完毕下水之时所专门举行的仪式，是造船厂在吨位较大的轮船建造完成、验收完毕、交付使用之际，为其正式下水起航而特意举行的庆祝性活动。

按照国际上目前所通行的做法，下水仪式基本上都是在新船码头上举行的。

在干道两侧，应饰有彩旗、彩带。在新船所在的码头附近，应设置专供来宾观看或休息之类用的彩棚。对下水仪式的主角——新船，要在船头扎上由红绸结成的大红花，在两侧船舷扎上彩旗，系上彩带。

### 行掷瓶礼的由来

行掷瓶礼，是下水仪式上独具特色的一个节目，在国外由来已久，并已传入我国，行掷瓶礼时，由身着礼服的特邀嘉宾双手持一瓶香槟酒，用力投向新船的船头，瓶破之后酒香四溢，酒沫飞溅。在嘉宾掷瓶以后，全体到场者面向新船行注目礼，并热烈鼓掌。还可在现场安排奏乐、放气球、放飞信鸽，渲染喜庆的气氛。

# 三、开幕与剪彩仪式

## 1. 开幕庆典

开幕庆典是在公司、企业、宾馆、商店、银行正式启用之前，或是各类商品的展示会、博览会、订货会正式开始之前，所举行的相关仪式。每当开幕庆典举行之后，公司、企业、宾馆、商店、银行将正式营业，有关商品的展示会、博览会、订货会将正式接待顾客与观众。

举行开幕式需要较为宽敞的活动空间，门前广场、展厅门前、室内大厅等处，均可用作开幕庆典的举行地点。

开幕仪式要邀请专人揭幕，具体做法是：揭幕人首先应走到彩幕前站立，礼仪小姐双手将开启彩幕的彩索递交给揭幕人，揭幕人双手拉启彩索，展开彩幕。在主人的亲自引导下，全体到场者依次进入幕门。主人陪同来宾进行参观，正式接待顾客或观众，对外营业或对外展览宣告开始。

## 2. 剪彩仪式

剪彩仪式是为了庆贺公司的设立、企业的开工、宾馆的落成、商店的开张、银行的开业、大型建筑物的启用、道路或航线的开通、展销会或展览会的开幕等，而隆重举行的一项礼仪性程序。因其主要活动内容是邀请专人使用剪刀剪断被称为"彩"的红色绸带，故被人们称为剪彩。

在正常情况下，剪彩仪式应在即将启用的建筑、工程或者展销会、博览会的现场举行。剪彩仪式宜紧凑，忌拖沓，短的一刻钟即可，长则至多不宜超过一小时。

在活动现场，剪彩之处应悬挂写有剪彩仪式名称的横幅。

剪彩仪式所需使用的特殊用具，诸如红色缎带、新剪刀、白色薄纱手套、托盘以及红色地毯，应仔细地进行选择与准备。

在剪彩现场铺设红色地毯，主要是为了提升档次，并营造一种喜庆的气氛。有时，也可不铺设。地毯主要铺设在剪彩者正式剪彩时的站立之处，其长度可视剪彩者人数的多少而定，宽度则应在1m以上。

红色绸带即剪彩仪式中之"彩"，按照传统做法，它应当由一整匹未曾使用过的红色绸缎，在中间结成数朵花团而成。也可以根据场合演变成红色绸带、金色缎带等形式。

在剪彩仪式上所使用的托盘，最好是崭新、洁净的，通常首选银色的不锈钢制品。托在礼仪小姐手中，主要盛放红色绸带、剪刀、白色薄纱手套。为了显示正规，可在托盘上铺红色绒布或绸布。

新剪刀是专供剪彩者在剪彩仪式上正式剪彩时使用的，每位现场剪彩者人手一把，必须是崭新的，而且要好用，确保剪彩者在正式剪彩时，可以"手起刀落"，一举成功。

剪彩者多由上级领导、合作伙伴、社会名流、员工代表或客户代表所担任，剪彩者可以是一个人，也可以是几个人，但是一般不应多于 5 人。如果剪彩者不止一人，剪彩时应当兼顾他人，彼此尽量同时开剪。剪完后，将剪刀放回托盘，并举手向人们致意或鼓掌庆祝。

礼仪小姐是剪彩仪式中的重要角色，一般选择相貌姣好、身材颀长、年轻健康、气质高雅、反应敏捷的年轻女孩担任。礼仪小姐的最佳装束应为化淡妆、盘起头发，穿款式、面料、色彩统一的单色旗袍，配肉色连裤丝袜、黑色高跟皮鞋。

剪彩之后，主人应陪同来宾参观，仪式至此宣告结束。

# 第三节　展览会礼仪

## 一、展览会的主要类型

展览会是为了介绍组织的业绩，展示组织的成果，推销组织的产品、技术或专利，而以集中陈列实物、模型、文字、图表、影像资料供人参观了解的形式，所组织的宣传性聚会。有时，人们也将其简称为展览，或称为展示、展示会。

展览会是现代商务活动的重要形式之一，具有很强的说服力、感染力，通过现身说法打动观众，同时展览会借助于个体传播、群体传播、大众传播等各种传播形式，使有关主办方的信息广为传播，提高其名气与声誉。

根据不同的标准，可以将展览会进行如下划分。

### 1. 按展览会的目的划分

1) 宣传型展览会

宣传型展览会显然意在向外界宣传、介绍参展单位的成就、实力、历史与理念，所以它又被称为陈列会。

2) 销售型展览会

销售型展览会主要是为了展示参展单位的产品、技术和专利，从而招徕顾客、促进其生产与销售。通常，人们又将销售型展览会直截了当地称为展销会或交易会。

### 2. 按展览品的种类划分

在一次展览会上，展览品具体种类的多少，往往会直接导致展览会的性质发生改变。根据展览品具体种类的不同，可以将展览会划分为以下两种类型。

1) 单一型展览会

单一型展览会，往往只展示某一大门类的产品、技术或专利，只不过其具体的品牌、型号、功能有所不同而已，如服装、汽车等。因此，人们经常会以其具体展示的某一门类的产品、技术或专利的名称，来对单一型展览会进行直接冠名，比如，可称之为"服装展览会""汽车展览会"等。在一般情况下，单一型展览会的参展单位大都是同一行业的竞争对手，因此这种类型的展览会竞争会很激烈。

2) 综合型展览会

综合型展览会，也称混合型展览会。它是一种包罗万象的，同时展示多种门类的产品、技术或专利的大型展览会，它侧重的主要是参展单位的综合实力。这种展览会通常由专门性的组织机构或单位负责筹办，一般规模较大，展览的范围很广，展期短的有几天，长的有一年，也可称为博览会。博览会大多都是国际性的，它是世界范围内某一领域发展的缩影。

### 3. 按展览会的规模划分

根据展品的数量多少、范围大小，展览会又有如下划分方法。

1) 大型展览会

大型展览会，通常由社会上的专门机构出面承办，其参展的单位多、参展的项目广，因而规模较大。举办此类展览会，要有一定的操作技巧。因其档次高、影响大，参展单位必须经过申报、审核、批准等一系列程序，有时，还需支付一定的费用。

2) 小型展览会

小型展览会，一般都由某一组织自行举办，其规模相对较小。在小型展览会上，展示的主要是代表着主办方最新成就的各种产品、技术和专利。

3) 微型展览会

微型展览会，则是小型展览会的进一步微缩。它提取了小型展览会的精华之处，一般不在社会上进行商业性展示，而只是将其安排陈列于本组织的展览室或荣誉室之内，主要用于教育本组织的员工和供来宾参观之用。

#### 4. 按展览会的场地划分

举办展览会，免不了要占用一定面积的场地。若以所占场地的不同而论，展览会可以有如下划分方法。

1) 室内展览会

室内展览会大都被安排在专门的展览馆或是宾馆、本组织的展览厅、展览室之内。它大都设计考究、布置精美、陈列有序、安全防盗、不易受损，并且可以不受时间与天气的制约，显得隆重而有档次。但是，其所需费用往往偏高。在展示价值高昂、制作精美、忌晒忌雨、易于失盗的展品时，室内展览会自然是首选。

2) 露天展览会

露天展览会安排在室外露天之处。它可以提供较大的场地、花费较小，而且不必为设计、布置花费过多。展示大型展品或需要以自然界为其背景的展品时，此种选择最佳。通常，展示花卉、农产品、工程机械、大型设备时，大都这么做。不过，它受天气等自然条件影响较大，并且极易使展览会中的展品受损。

#### 5. 按展览会的时间划分

举办展览会所用的具体时间的长短，也称为展期。根据展期的不同，可以把展览会划分为以下几种形式。

1) 长期展览会

长期展览会，大都常年举行，其展览场所固定，展品变动不大。

2) 定期展览会

定期展览会，展期一般固定为每隔一段时间之后，在某一特定的时间之内举行。例如，每三年举行一次，或者每年春季举行一次等。其展览主题大都固定不变，但允许变动展览场所或展品内容，一般来看，定期展览会往往呈现出连续性、系列性的特征。

3) 临时展览会

临时展览会，则随时可根据需要与可能举办。它所选择的展览场所、展品内容及展览主题，往往不尽相同，但其展期大都不长。

## 二、展览会的主要流程

#### 1. 展览会主办方的主要工作

一般的展览会，既可以由参展单位自行组织，也可以由社会上的专门机构出面组织。不论组织者由谁来担任，都必须认真做好具体的工作，力求使展览会取得完美的效果。

1) 明确展览会的主题

任何一个展览会都应有一个鲜明的主题，这样才能够明确展览会的对象、展览会的

规模、展览会的形式等问题，并以此来进行展览会的策划、准备和实施，使展览会的宗旨和意图更加明确。

2) 确定时间、地点

在时间的选择上要于己有利、于参展者有利，并与商品的淡、旺季相匹配。在地点的选择上可根据参展方所在地区的不同，确定展会的地点，另外，在选择时还要注意交通、食宿是否便利，辅助设施是否齐备等问题。

3) 确定参展单位

在具体考虑参展单位的时候，必须注意两相情愿，不得勉强。按照商务礼仪的要求，主办方事先应以适当的方式，向参展方发出正式的邀请或召集。

主办方邀请或召集参展方的主要方式为：刊登广告、寄发邀请函、召开新闻发布会等。发出正式邀请的同时，应将如下内容告知参展方：展览会的宗旨、展览会的主题、参展方所涉及的范围与条件、举办展览会的时间与地点、报名参展的具体时间与地点、咨询有关问题的联络方法、主办方应提供的辅助服务项目、参展方所应负担的基本费用。当参展方的正式名单被确定之后，主办方应及时发专函通知，使被批准的参展方提前有所准备。

4) 展览内容的宣传

为了搞好宣传工作，在举办大型展览会时，主办方应专门成立对外宣传的组织机构，负责与新闻界的联系，提供有价值的新闻资料，以扩大影响范围，增强展览会的宣传效果。其正式名称，可以叫新闻组，也可以叫宣传办公室。

为了引起社会各界对展览会的重视，并且尽量地扩大其影响，主办方有必要对展览会进行大力宣传。宣传的重点，应当是展览的内容，即展览会的展示陈列之物。

**2. 展示位置的分配**

在一般情况下，展览会的组织者要想尽一切办法充分满足参展单位关于展位的合理要求。展览会的组织者可依照展览会的惯例，采用下列方法之一对展位进行合理的分配。

1) 竞拍

竞拍，即由组织者根据展位的不同，而制定不同的收费标准，然后组织一场拍卖会，由参展方在会上自由进行角逐，由出价高者获得自己中意的最佳展位。

2) 投标

投标，即由参展方依照组织者所公告的招标标准和具体条件，自行报价，并据此填具标单，而由组织者按照"就高不就低"的常规，将展位分配给报价高者。

3) 抽签

抽签，即将展位编号写在纸签之上，由参展方的代表在公证人员的监督之下每人各

取一个，以此来确定其各自的具体展位。

4）"先来后到"分配

所谓按照"先来后到"进行分配，即以参展方正式报名的先后为序，谁先报名，谁便有权优先选择自己所看中的展位。

### 3. 展场的布局

对展览会的组织者来讲，展览现场的规划与布置，通常是其重要职责之一。在布置展览现场时，基本的要求是：展示陈列的各种展品要围绕既定的主题，进行互为衬托的合理组合与搭配，要在整体上显得井然有序、浑然一体。具体内容包括区域的合理分配；文字、图表、模型与实物的拼接组装；灯光、音响、饰件的配备；展板、展台、展厅的设计与装潢等。展场的空间构成可以是由馆外、馆门、序馆、各展位、出口等几部分按顺序所构成的展示空间，强调先后顺序。

一次展览会，特别是大型国际展览会，有数万平方米，甚至数十万平方米。一个展厅也有上万平方米，有展览区、销售区、表演区、洽谈区、交流区以及服务区等，如何将各个区位的划分准确地告诉参观者，都有赖于现场知识系统的设计、安置和显示。

1）展位区分

国际性展览会按参展国家(地区)分区。

按展位类型分区：标准展位区、异型展位区。

按展品类型分区：如家纺服装、家用电器、轻工工艺等。

按企业类型分区：生产类、经营类、服务类。

2）入口与出口通道布置

一般展馆的人员出入口通道和展品出入口通道是分开设置的。人员出入口通道通常将入口和出口分开，入口设置在展厅的正面，其高度一般为 2～3m，而宽度按展览人流量大小而定，国内展厅一般为 2～3m，有的展厅多个通道并排。出口通道则设置在展厅的后面或者与邻馆的交界处，一般其高度与入口保持一致，而宽度则要适当小一些。

展品出入口一般是不分开的，在同一个出入口通道。与人员出入口通道相比较，在高度和宽度上要更高、更大一些，通常宽度在 4～6m，高度在 4～5m，具体视展品的大小高低来定。展品出入口通道一般不设在展厅的正面，而在展厅的侧面或后面。

3）展场内通道划分

通道划分总的原则是：对参展者，区划合理；对参观者，观看舒适，路线便捷，有利于与工作人员交流。一般展览通道宽度为 2.4m，有的考虑到人流大、消防安全等则需要 3m 左右。

4）展场内通道路线

规定性路线：强制流向控制，一般是展览内容有较为严格的先后顺序，如历史类、

艺术品类展览。

自主式的路线：展览路线可任参观者凭喜好选择，自由走动。

渗透式路线：观众不仅可在通道上自由走动，还可以深入到各个展位内部，观看、接触展品，与工作人员交流。一些较大规模的国际性展会都无固定路线，仅在出入口处设置导向牌。

### 4. 展览会的其他辅助性服务项目

具体而言，为参展单位所提供的辅助性服务项目，通常主要包括下述各项。

(1) 展品的运输与安装。

(2) 车、船、机票的订购。

(3) 与海关、商检、防疫部门的协调。

(4) 跨国参展时有关证件、证明的办理。

(5) 电话、传真、电脑、复印机等现代化的通信联络设备。

(6) 举行洽谈会、发布会等商务会议或休息之时所使用的适当场所。

(7) 餐饮以及有关展览时使用的零配件的提供。

(8) 供参展方选用的礼仪、讲解、推销人员等。

## 三、展览会的礼仪要求

展览会礼仪，通常是指商界单位在组织、参加展览会时，所应当遵循的规范与惯例。商界单位参加或举办展览会，其目的大都是宣传自己的产品、寻找企业上下游的客户、签订商务合同。可以说展览会是一面镜子，它所展示的不仅是商品，更是一个企业的整体形象。

### 1. 主办方工作人员的礼仪要求

1) 着装规范，举止大方

主办方工作人员由于是代表主办方负责展会的工作，因此要注意自身的形象，穿着要庄重，一般要穿职业装。展场门口的接待人员或迎送人员可以穿着礼仪性服装，例如旗袍。所有工作人员的举止要文雅端庄。

2) 与参展方沟通及时

主办方的工作人员要搞好与各参展方的关系，及时与参展方进行沟通，做好展览会的各项服务工作，尽量满足参展方对展会提供的一切合理的要求，但是对既定的展期、展位、收费标准等，不能随意改动。这些信息应在展前及时告知参展方。

3) 语言表达确切

由于主办方的会务主持人代表本组织方的形象，因此要求主持人气质大方、拥有丰

富的会展知识、待人诚恳，尤其是在主持会务工作时，一定要注意用词恰当、表达清楚，以免出现误解，从而使展览会的所有参与人员对展览会和展品产生信赖感。

### 2. 参展方工作人员的礼仪要求

**1) 统一着装**

最佳的选择，是身穿本组织的制服，或者是穿深色的西装、套裙。在大型的展览会上，参展方若安排专人迎送宾客时，则最好请迎送人员(一般为礼仪小姐)身穿旗袍，并胸披写有参展方或其主打展品名称的绶带。为了说明各自的身份，全体工作人员皆应在左胸佩戴标明本人工作单位、职务、姓名的胸卡，唯有礼仪小姐可以例外，不用佩戴胸卡。

**2) 仪态端庄**

展览一旦正式开始，全体参展方的工作人员即应各就各位，站立迎宾。不允许迟到、早退，无故脱岗、东游西逛，更不允许在参观者到来之时坐卧不起，怠慢对方。

**3) 礼貌待人**

当参观者走近自己的展位时，不管对方是否向自己打招呼，工作人员都要面带微笑，主动地向对方说"您好！欢迎光临！""请您参观"。

当参观者在本展位上进行参观时，工作人员可随行其后，方便对方向自己咨询；也可以请其自便，不加干扰。假如参观者较多，尤其是在接待组团而来的参观者时，工作人员也可引导参观者进行参观。对于参观者提出的问题，工作人员要认真作出回答，不允许置之不理，或以不礼貌的言行对待对方。当参观者离去时，工作人员应当真诚地向对方欠身施礼，并道以"谢谢光临"。

在任何情况下，工作人员均不得对参观者恶语相加，或讥讽嘲弄。对于极个别不守展览会规则而乱摸乱动、乱拿展品的参观者，仍需以礼相劝，必要时可请保安人员协助，但不许对对方擅自动粗，进行打骂、扣留或者非法搜身。

**4) 善于解说**

解说技巧，此处主要是指参展方的工作人员在向观众介绍或说明展品时，所应当掌握的基本方法和技能。

在宣传型展览会与销售型展览会上，解说技巧的共性在于：要善于因人而异，使解说具有针对性。与此同时，要突出自己展品的特色。在实事求是的前提下，要注意对其扬长避短，强调"人无我有"之处。在必要时，还可邀请观众亲自动手操作，或由工作人员为其进行现场示范。此外，还可安排观众观看与展品相关的影视片，并向其提供说明材料与单位名片。通常，说明材料与单位名片应常备于展台之上，由观众自取。

在宣传型展览会上，解说的重点应当放在推广参展单位的形象上。而在销售型展览

会上，解说的重点则必须放在主要展品的介绍与推销上。按照国外的常规说法，解说时一定要注意"FAB"并重。其中，F指展品特征，A指展品优点，B指客户利益。就是要求其解说应当以客户利益为重，要在提供有力证据的前提之下，着重强调自己所介绍、推销的展品的主要特征与主要优点，以争取使客户觉得言之有理，乐于接受。不过，争抢、尾随参观者兜售展品，弄虚作假，或是强行向参观者推介展品，则不可取。

# 思考与练习

## 一、单选题

1. 正规的签字桌最好是(　　)。
   A. 长桌　铺设深绿色桌布　　　　　B. 长桌　铺设红色桌布
   C. 圆桌　铺设红色桌布　　　　　　D. 圆桌　铺设深绿色桌布

2. 与外商签署涉外商务合同时，要在签字桌上摆放签字方的(　　)。
   A. 国徽　　　　B. 国花　　　　C. 国旗　　　　D. 吉祥物

3. 与外商签署涉外商务合同时，要在签字桌上摆放签字方的(　　)互换文本。
   A. 媒体记者　　B. 签字人　　　C. 主持人　　　D. 见证人

4. 剪彩仪式上的"彩"是指(　　)。
   A. 花束　　　　B. 横幅　　　　C. 红色绸带　　D. 彩票

5. 依照展览会的惯例，下列哪种对展位进行分配的方法不正确？(　　)
   A. 竞拍　　　　B. 抽签　　　　C. 先来后到　　D. 自由选择

## 二、讨论题

1. 简述签字仪式的作用。
2. 简述展会服务人员礼仪。

## 三、训练题

中方公司与法方客商准备签订一份合同，签约地点设在中方公司会议厅。要求学生画出两种形式的签字仪式座次图。

# 第六章　商务文书礼仪

**本章导读:**

本章主要介绍商务活动中请柬、中英文信函和电子邮件等的书写礼仪和规范，以帮助商务人员掌握不同文书的写作方法，熟悉文书的正确格式，规避常见的错误。

# 第一节　请　柬　礼　仪

请柬又称邀请函，也称请帖，是单位、团体或个人邀请有关人员出席隆重的会议、典礼，参加某些重大活动时发出的礼仪性书信。在商务活动中，请柬的使用既表示对被邀请者的尊重，又表示邀请者对此事的郑重态度，也有凭证、备忘等作用。

## 一、请柬的格式与书写

### 1. 请柬的形式

从形式角度分，请柬大体可分为如下几类。

(1) 单柬帖。又称卡片式，为一张硬纸片，正面印有"请柬"二字及美术装潢，背面为空白，供填写请柬内容。也有的将"请柬"二字写在顶端第一行，字体较正文稍大。卡片式柬帖比较简朴，可用于一般的交际关系。

(2) 双柬帖。又称折叠式，是将纸片折起来，分为内、外两部分，外面印有"请柬"二字及美术装潢，于是成了封面，里面是空白，留作书写请柬内容，更为讲究的则是内里另附写作用纸，以丝带同封面系在一起。折叠式显得更为郑重，加上封面的装潢制作考究，更宜于创造文化礼仪气氛。折叠式请柬中，目前又有左开式、右开式和下开式。

(3) 竖式与横式。中国传统的请柬写法多为竖式，但随着东西方文化的融合，拼音文字与汉字混写现象的增多，人们以横向阅读书写习惯为主，商务活动中的请柬书写也开始以横式居多。人们又称竖式为中式，横式为西式。

### 2. 请柬的格式

请柬的格式要求简单、美观。

(1) 标题：一般指"请柬"二字，单柬帖写于正面或顶端第一行，双柬帖写于封面，应作美术装饰或艺术加工，即采用名家书法、字面烫金或图案装饰等。字体一般较大，较为醒目。

(2) 称谓：顶格写被邀请单位名称或个人姓名，其后加冒号。个人姓名后要注明职务或职称，如"××教授""××经理"等。

(3) 正文：另起一行，前空两格，写明活动的主题、时间、地点及其他应知事项。

(4) 敬语：一般以"敬请(恭请)光临""此致敬礼"等专用敬语作结。书写时，四字敬语中的前两字应另起一行，空两格写，后两字应再起一行，顶格书写。

(5) 落款和日期：写明邀请单位名称或个人姓名，个人姓名不宜加职务或职称等称谓，下方写日期。落款和日期一般写于请柬正文的右下方。

### 3. 请柬的内容

请柬是较庄重正式的一种文体，但由于请柬的篇幅有限，在文字选择上应遵循"达、雅"兼备的原则："达"即准确，内容表达清晰明白，使人一看就懂；"雅"即讲究文字美，在遣词造句时，可使用古朴典雅的文言语句，也可选用平易亲切的通俗语句，但无论选择哪种风格，都切忌语言的浮夸和乏味。请柬的内容应包括以下几个方面。

(1) 活动的主题。如座谈会、联欢晚会或宴会等。

(2) 活动的时间和地点。

(3) 参加活动的具体要求，比如着装要求、座位席号、停车地点等。如果是请人看戏或其他表演还应将入场券附上。

(4) 联系电话。

有时，为了被邀请者准确地将相关信息反馈给邀请者，在书面邀约正文的左下方，会详尽地提供邀请者的联络方式。

在给出电话号码的同时，如果在电话号码前注明 Regrets only，表示"如果不出席活动，必须电话回告；如果出席活动，就不必回话，届时可直接前来"。汉语一般写为"如不出席，请赐电告"。如果注明 RSVP，则表示"不管出席与否，一定要电话明告"，汉语一般写为"能否出席，请回电赐告"或者"能否出席，务请赐电"。标有 RSVP 的请柬一般会安排固定的座席，如果不能出席，而又不电告主人，则会在活动现场出现空座位的情况，这对主人而言往往是一件非常尴尬的事情。以上为国际通行的做法。

### 4. 英文请柬的书写

英文请柬格式与中文请柬略有区别，没有称谓和结束语，因为被邀请人已包含在正文中。一般邀请者、单位、团体、机关和个人放在正文上面。正文写明邀请对象，参加

的是什么活动，活动的时间、地点。正文的用语应使用较客气的敬语，要通俗易懂。还可注明对被邀请者的衣着要求。请柬的句子可按一般形式排列，也可以经过特别设计，以求更对称工整、雅观得体。国际通行的请柬书写格式最大的特点是"一行字一条信息"。其基本格式如图 6-1 所示。

**Mr. and Mrs.**_____

**request the pleasure of**

_____

**company at**_____

**on**\_\_\_\_\_**the**\_\_\_\_\_**of**\_\_\_\_

**at**_____**o'clock**

（**Address**）_____

**Dress：　Lounge Suit**　　　　　　　　**Regrets only**

**Tel：　022-66324856**

译文：

_____夫妇

恭请

_____

光临_____

时间：\_\_\_月\_\_\_日，星期\_\_\_，午\_\_\_时

地址_____

请穿着正装出席　　　　　如不能出席，请赐电告

电话号码：022-66324856

图 6-1　英文请柬基本格式及译文

Formal　正式着装

Semi-formal　半正式着装

Informal　非正式着装

White tie　白领结

Black tie　黑领结

Suit　套装

### 5. 请柬书写礼仪

请柬主要是表明对被邀请者的尊敬，同时表明邀请者对此事的郑重态度，所以凡属隆重正式的活动，即使邀请双方近在咫尺，也必须送请柬，这是一种尊重和礼貌的表现。因此在请柬的书写过程中，有一些约定俗成或国际通行的做法，也是不容忽视的。

1) 专用敬语

汉语中应注意多使用诸如"诚意邀请""敬请""特邀""恭请""敬请出席""届时光临""届时莅临""敬邀""敬约"等，长久以来，我国形成了一整套此类传统礼仪用语，如用"赐教""恭候"等。

在英文中，应注意使用如"On the occasion of…""request the honor of your presence (attendance) at…""request the pleasure of the company of…"等。

2) 请柬书写时的注意事项

请柬中应避免出现"准时"二字。在一些请柬上我们时常可以看到"请届时光临"的字样，"届时"是到时候的意思，表示出邀请者的诚意。但是有些请柬把"届"改成了"准"字，这样就成了命令式，体现了邀请者的高高在上、对被邀请者的不尊敬，在请柬中应该避免出现这样的结语。

在活动中对受邀者有特殊要求的，应在请柬中注明，如"请准备发言"等。防止受邀者对特殊情况一无所知或毫无准备，在活动中出现尴尬的情况。

如受邀者对活动地点不甚了解或活动举办地点较为偏僻，应附周边路线图，以帮助受邀者准时到达。这样不仅体现出邀请者对这次活动的重视，也表现出了对受邀者的体贴和尊敬。

# 二、请柬的发送

## 1. 请柬的寄发方式

请柬的递送方式很有讲究。古代无论远近都要登门递送，表示真诚邀请的心意；现代也可邮寄、快递和传真等。随着科学技术的发展，网络在商务场合和日常生活中的广泛应用，利用电子邮件寄发电子请柬的邀请方式也悄然兴起，但较为正式和隆重的商务活动，一般还是以寄发纸质请柬为主。一般来说，请柬亲手送达是最有礼貌的做法，但

由于距离等原因造成无法亲手送达的，也可采用邮寄等寄发方式。

### 2. 请柬的寄发时间

一般情况下，请柬需提前 10～15 天发送，太晚寄出的请柬容易让受邀者有不被重视之感，也容易造成受邀者已安排其他活动、无法出席的情况；较为重大的活动或需受邀者有特殊准备的活动，可适当提前发送时间，但应注意不可过于提前，因为太早寄出的请柬容易被人遗忘。

### 3. 请柬寄发的注意事项

请柬如果是放入信封当面递送，要注意信封不能封口，否则会造成又邀客又拒客的误会。

请柬一般不托人转递，如不能亲手送达，邮寄是不错的方式；但如果实在需要托人转交请帖，也应以其他方式(如电话)表示歉意并说明不能亲手送达的原因。

### 4. 请柬的回复礼仪

在接到请柬后，可以当面告知能否出席，也可以复函形式对邀请人给予答复。复函体现了被邀人对活动的重视和对主人的尊重。如果可以出席活动，复函结尾可以用"我将准时出席"做结语，最后的祝颂语可用"祝活动圆满成功"等。如不能出席活动，不管何种原因都应及时告知邀请人，以体现尊重他人。至于信中文字，更要字字讲究，句句谨慎，避免产生误解。

# 第二节　信函礼仪

近年来，随着对外贸易和国际经济交往的迅速发展，商务信函成为一种最常见的商业联系媒介，商务信函是一种"推销"函，写信人总是在推销着什么，可能是一种产品、一项服务、一项专利、一个观念，甚至是推销自己或树立自己所在公司的形象等。商务信函的目的是在双方之间获得完全的理解，并得到所需要的回应。第一个目的可以通过清晰的表达来实现；第二个目的则需要我们学习正确的方法。一封礼貌有加、措辞得体的商务信函可以帮助一个公司建构起良好的商业形象，进而做成一笔笔好生意；反之，一封礼貌欠佳、用语不当的信函则会给一个公司带来负面的评价，使之弄砸了生意不说，还有可能毁了公司苦心经营的形象。可见，礼仪在商务信函中的作用不容忽视。

# 一、信封格式

### 1. 国内标准信封格式

信封种类常见的有横式和竖式两种，横式行序由上至下，字序由左至右；竖式行序由右到左，字序由上而下。旧式信封一般都是竖式信封，而当前标准信封都为横式信封，专门印有邮编空格，便于邮局部门检索。

国内标准信封一般包括收信人邮政编码、收信人详细地址、收信人姓名、寄信人详细地址、寄信人姓名及寄信人邮政编码 6 个部分，如图 6-2 所示。

□□□□□□（这里写收信人邮编）

收信人地址（地址要详细，所以可能要占两行或者三行）

**邮票**

**XXX**（收）

（收信人姓名，字体稍大一点）

寄信人地址

**XXX**（寄信人姓名）

□□□□□□

（最后写寄信人邮编）

图 6-2　国内标准信封

信封左上角邮编空格内，写收件人的邮政编码，注意邮政编码一定要正确，否则会造成信件无法寄达的情况。

收件人邮政编码下方可书写收件人地址，地址要清晰具体，顺序一般为城市、地区、街道和门牌号码，地址较长的可以分 2～3 行书写。

收件人姓名应写在信封中间的位置，字体较大，写作"×××收"。

寄信人信息应集中写在信封右下角，包括寄信人详细地址和姓名及寄信人邮政编码(应写在信封右下角邮编空格内)。有些人认为寄信人信息并不重要，但当信件无法送达时，邮政部门会根据寄信人信息将信件退回，如果这部分信息不够完整，将出现"死信"现象，造成信件丢失。

书写信封内容时要字迹清楚、工整。

### 2. 国际标准信封格式

国际标准信封基本格式，如图 6-3 所示。

寄信人的名字和住址写在信封的左上角或背面。

收信人的名字和住址写在信封的中间或右下角偏左的地方。

用英文书写时，按姓名、地名、国名逐行顺序填写。

用中文书写时，按国名、地名、姓名逐行顺序填写。

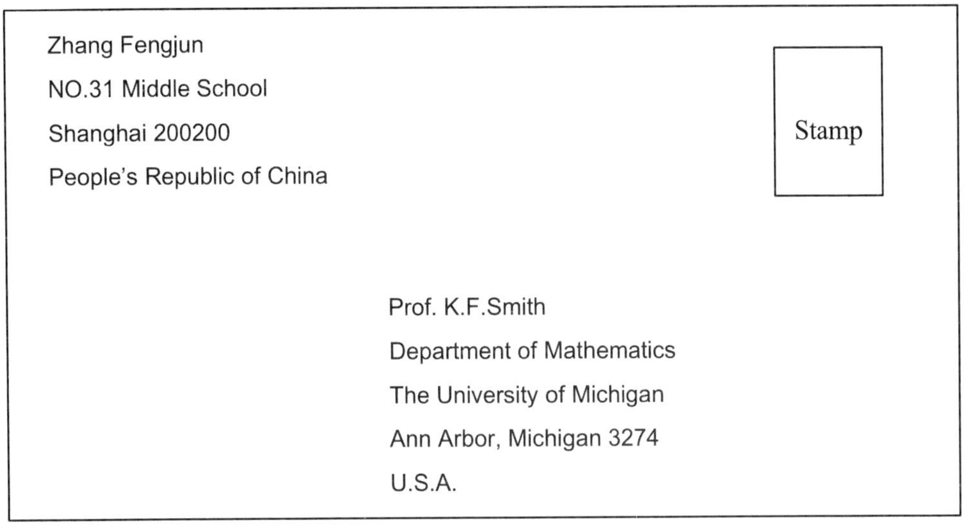

Zhang Fengjun

NO.31 Middle School

Shanghai 200200

People's Republic of China

Stamp

Prof. K.F.Smith

Department of Mathematics

The University of Michigan

Ann Arbor, Michigan 3274

U.S.A.

图 6-3 国际标准信封格式(英文)

### 3. 书写国际标准信封的注意事项

寄信人不自称 Mr.、Mrs.或 Miss，但是在收信人的姓名前则必须加上尊称 Mr.、Mrs. 或 Miss 以示礼貌。

收信人称呼不可用职务名称，如局长、处长等，这和我国习惯不同，除 Mr.、Mrs.、Miss 之外，可用学衔、学术职称、勋爵；但也有例外，如参议员可以用 Sen. (Senator)，船长可用 Captain。写给女子的信件，如果她本人有职称或头衔，则无须同时用 Mrs.或 Miss.。

尽量避免使用"To Whom It May Concern"(敬启者)。因为多数使用这样称呼的信件都会被忽视，这种信件也许要花上几个星期才能到达负责处理这类信件的有关部门。然而，现在不少人向外国公司、大学等推荐人员时，他们的推荐信仍使用这种称呼语(当然，国外也有不少人仍然使用这种称呼语)，这是不可取的。如果你向一家外国公司推荐一名求职者，则可把推荐信写给该公司的人事部，使用 Dear Personnel Director 或 Dear Personnel Manager，而不宜使用 To Whom It May Concern。

写国名时，除了美国(the United States of America，U.S.A.)外，其他国名一般不缩写，城市名后无须加"City"。地址中常用英文简写如表 6-1 所示。

表 6-1　地址中常用英文简写

| 内　容 | 英　文 | 内　容 | 英　文 |
|---|---|---|---|
| 室/房 | Room | 村(乡) | Village |
| 号 | No. | 宿舍 | Dormitory |
| 楼/层 | F | 住宅区/小区 | Residential/ Quarter |
| 甲 / 乙 / 丙 / 丁 | A / B / C / D | 巷/弄 | Lane |
| 单元 | Unit | 号楼/幢 | Building |
| 厂 | Factory | 酒楼/酒店 | Hotel |
| 路 | Road;Rd. | 花园 | Garden |
| 街 | Street;St. | 县 | County |
| 镇 | Town | 市 | City |
| 区 | District | 信箱 | Mailbox |
| 省 | Prov. | | |

### 4. 信封标注的投递事项

为投递方便，信封上(可在信封左上角或右下角)可标注有关投递事项，常见的有如下内容。

- 航空(By Air-Mail)。
- 挂号(Registered，或 Reg;Regd.)。
- 快递邮件(Express)。
- 包裹邮件(Parcel Post)。
- 印刷品(Printed Matter)。
- 样品(Sample)。
- 商业文件(Commercial Papers)。
- 密函(Confidential)。
- 亲启，私人信(Private)。
- 赠品(With Compliments)。
- 如无法投递，请退某处(Please Return to…)。
- 退还邮费(Return Postage)。
- 留存邮局(Post Restitute/Care Postmaster)。
- 无商品价值样品(Sample of No Commercial Value)。

### 5. 使用信封的要求

(1) 不准使用旧信封或废旧纸张和有字纸张制成的信封装寄。

(2) 信件应装入标准信封内，并将封口粘固。

（3）如用透明窗信封装寄，透明窗必须是长方形的，其长的一边应与信封长的一边平行。信件应适当折叠，使其在信封内有所移动时，收件人的姓名地址仍能通过透明窗清晰露出。

#### 6. 折叠信件的方式

折叠信纸这样的小事有时候也会影响一个公司的形象，正确的折叠可以使信纸正好放进信封，收信人可以很方便地取出，而且信纸打开后看上去很整齐。不要乱折信函，否则会被视为对收信人的不尊重。通常的折叠法有两折法和三折法。

1）两折法

信纸上边留出一点，大约四分之一英寸；余下的信纸折叠成均衡的三等份，先把下边往中间折，然后把多出四分之一英寸的上边往上折；插入信封，多出一点的边方便收信人取出、展开信纸；也有人不喜欢留四分之一英寸的边，只是把信纸折叠成均衡的三等份，这样也可以。

2）三折法

信纸上边留出四分之一英寸，上下对折；对折后的信纸，左边留出四分之一英寸，余下的折叠成均衡的三等份，先把右边往中间折，然后把多出一点的左边往右折；同两折法一样插入信封。三折法适合比较小的信封。

若是卡片、便条之类形状比较方的东西，把信件的正面朝向信封的背面插入，这样一打开信封就能读到内容。

## 二、国内商务信函的格式与书写

#### 1. 国内商务信函的格式及基本内容

商务信函是一种具有习惯格式的文体，通常包括开头、正文、结尾、署名和日期 5 个部分。

1）开头

开头写收信人或收信单位的称呼。也称"起首语"，是对收信人的称呼。称呼要在信纸第一行顶格写起，后加"："，冒号后不再写字，单独占行。

2）正文

信文的正文是书信的主要部分，叙述商业业务往来联系的实质问题，通常包括以下几方面内容。

问候语。问候是一种文明礼貌行为，也是对收信人的一种礼节，体现写信人对收信人的关心。问候语最常见的是"您好！"。问候语写在称呼下一行，前面空两格，常自成一段。

写信的事由。例如，何时收到对方的来信，表示谢意，对于来信中提到的问题的答复等。

该信要进行的业务联系。如询问有关事宜，回答对方提出的问题，阐明自己的想法或看法，向对方提出要求等。如果既要向对方询问，又要回答对方的询问，则先答后问，以示尊重。

提出进一步联系的希望、方式和要求。

3) 结尾

结尾往往用简单的一两句话，写明希望对方答复的要求。如"特此函达，即希函复"。同时写表示祝愿或致敬的话，如"此致敬礼""敬祝健康"等。祝语一般分两行书写，"此致""敬祝"可紧随正文，也可和正文空开。"敬礼""健康"则转行顶格书写。

4) 署名

署名即写信人签名，通常写在结尾后另起一行(或空一两行)的偏右下方位置。以单位名义发出的商业信函，署名时可写单位名称或单位内具体部门名称，也可同时署写信人的姓名。重要的商业信函，为郑重起见，也可加盖公章。

5) 日期

写信日期一般写在署名的下一行或同一行偏右下方位置。商业信函的日期很重要，不要遗漏。

## 2. 国内商务信函的写作要求

1) 目标明确

商业信函是以开展商业业务为目的的功能性信函，信文内容应紧紧围绕商业目标展开，对于其他与这一目标无关的话题应少涉及，在此类信函中，提出的问题要具有针对性，回答问题也应尽量明确，忌曲忌隐，不能答非所问。鉴于商务信函的往来往往涉及经济责任，因此观点应明确，交代要清楚，切忌含混不清，造成日后纠纷。

2) 态度诚恳

为达成商业目标，促进双方往来，信函应给人以诚恳、热情的印象，不要夸夸其谈，弄虚作假。因此，在写信之前，要设身处地想一想：对方的需要，对方的处境、利益与困难；如何在互惠互利的前提下尽可能考虑对方的需求，还要考虑对方的地位、身份、专业知识、文化程度、接受能力等，使对方正确理解信中所谈内容。

3) 实事求是

实事求是，遵守职业道德，维护企业与个人的信誉，不得蓄意欺骗对方或设下圈套诱使对方上钩，以谋求不正当利益。谦恭有礼不是仅说几句客套话，而是要尊重对方，

讲究文明礼貌。例如，收到对方来函，应尽快给以答复，拖延回信的做法是不礼貌的。

4）结构严谨

结构严谨，要做到这一点应在动笔之前，首先把所要写的内容有条不紊地组织起来，列成提纲或打草稿，以免结构松散，首尾脱节。应尽量使一个段落围绕一个中心意思写并分段表述复杂事项，避免笼统模糊。应注意运用例子、图表等来辅助说明复杂事务，以帮助对方更加明白无误地理解内容。

商业信函的特点是开门见山。可在信的开头直接进入主题而不落俗套。在信的结尾可提出各种希望等。

5）用词准确

为了达到交易往来的目的，注意写信的口吻与语气是很重要的。商业信函的语气要平和，要平等，不得用命令或变相威胁的语气，要做到不卑不亢。用词要准确，不要用一些晦涩的或易于引起歧义的词语。用词不当或不准确，常常会使对方误解，甚至被人利用而导致一方经济损失。例如，提请对方供货时，不要用"大量""许多"一类词语，应具体说明数量。同样，报价不能笼统地说"合理价格"或"市场价格"，而应说明具体价格为多少，用何种货币，怎样结算，有没有各种附加收费，尽量避免使用"大约""左右"一类词语。答复对方的来信，最好说明那封来信的日期、内容、编号，不要笼统地说"来信收到"或"上月来信"等，因为来信可能不止一封。此外，信文用字应规范化，还要正确使用标点符号。

6）简洁得体

信文内容与形式都要做到清楚简洁。做生意讲求效率，清楚简洁的书信最受欢迎。要避免使用长句冗词以及不必要的修辞。商业信函以实用为宗旨，它不像文学作品那样讲究修辞，但必要的修辞也是不可少的。不通顺或逻辑混乱的语句，则会影响意思的表达和信息的交流。

拒绝对方时，一般要以较为间接的方式回答，而且回答时要注意技巧，态度和缓，让对方认识到在你的情况下，拒绝是唯一合理的决定。这类回信的开头不要直截了当地说出拒绝或不同意的话，应当用一些表达友好的句子来作为铺垫，比如，"感谢您的信任""我处于您的情况下，也希望……"等；然后告诉对方你不能同意的理由，要让对方觉得你确实在为他们的长远利益着想，或者你是在遵守一些必须遵守的规则等，不要只提出对自己有利的理由之后才委婉地表明你的态度；表态之后，为了缓和对方的失望情绪，可以提出一些有益的建议供对方参考，让对方觉得你是很愿意和他合作、配合或是帮助他的。

## 三、涉外商务信函的格式与书写

### 1. 涉外商务信函的内容

涉外商务信函由信头、信文和信尾三部分内容组成。

1) 信头

信头包括发信人地址、发信日期、收信人地址、称呼、事由。所占页面一般不超过三分之一。

日期的书写有以下两种模式："12 June 1998"(日-月-年)或"June 12，1998"(月-日-年)。日期不能缩写，序数词不能使用缩写形式，月份也不能缩写。

信内地址应同信封的写法完全一样。信内地址顺序是从小到大，具体如下。

- 公司名称或收信人姓名、职务。
- 房屋或大楼名称。
- 大楼号码及所在街道或路的名称。
- 省市名称及邮编。
- 国家名称。

要写明收信人在公司里的职务，那么万一此人不在，或离开，或已升职，公司可以安排他人来处理此信。职务应放在姓名之后，例如：

Mr. Peter Lawrence

Purchasing Manager

Port City Investments，Inc.

3117 Avenue E

Seattle，Washington 20103

U.S.A.

如果信件是机密的，只想给某一特定人亲阅，那么可用 Personal(亲启)或者 Confidential(密件)字样来注明，单词中每一字母都可大写，起到提示注意的作用。例如：

(Personal)

Mr. George Strong

Personnel director

983 Seventh Avenue

Springfield，62702

U.S.A.

如果想把书信交给公司某个人或某部门办理收看或请某人注意，应该使用提示收件人的语句，由 ATTENTION 引导，通常写在封内地址下面，可全部大写或画底线。例如：

Wholesale Supplies Co.Ltd

3107 Western Avenue

New London

Connecticut 06320

U.S.A.

ATTENTION：MR JOHN MOORE SALES MANAGER

写收信人的称呼，要单独成行。称呼之后加冒号，以示领起下文。平时对收信人如何称呼，信中就如何称呼。

商业信件和传真常用以下方式开头。

● Dear Mr/Mrs/Miss/Ms Wang (表示写信人知道收信人的姓名和性别)。

● Dear Sir 或 Dear Madam (表示写给一位有具体职衔的人，如 Sales Manager、Chief Accountant 等，而且写信人知道对方的性别)。

● Dear Sir or Madam (表示写给一位有具体职衔而写信人又不知其性别的人)。

● Dear Sirs (表示写给一家公司，没有明确的收信人)。

注意：称呼中的第一个单词和其他所有名词的第一个字母均须大写。

事由又称标题或主题，简略说明信件的内容，应全部大写或首字母大写，还可底部画线，以引起对方注意，使收信人一眼就可看出来信的主旨，便于业务处理。标题放在称呼下面，例如：

Dear Mr. Jackson：

Adjustment for Breakage

2) 信文

信文包括开头、主要内容、将来的打算和行动、结束语。

这是书信的主体，应表达准确，言辞简练，讲求效率，不宜过长，特别是开头和结尾应当简短。

(1) 开头(Opening)说明为什么写此信。例如：

We are writing to inquire about...

我们想询问……

We are interested in ... and we would like to know...

我们对……感兴趣，因而想知道……

如果是回信，可用：

Thank you for your letter of(date)，asking if ...

感谢贵方某月某日来信询问……

We have received your letter of(date)，concerning ...

我们已收到贵方某日关于……的来信

(2) 主要内容(The Main Message)是信的主要部分，在这里，答复对方或向对方询问信息，说明事实。

(3) 将来的行动和打算(Future Action or Response)，可以陈述一下自己将采取的行动或希望对方作什么样的答复。具体如下。

If payment is not made within ten days，we will have no alternative but to place the matter in the hands of our solicitor.

(如果十天内不付款的话，我们只能由律师来处理此事了。)

If after reviewing this information，you have other questions，please write me again. And if you feel that an inspection of our operation would help，you are welcome to visit us.

(看了情况介绍后，如果您还有什么问题，请来信，如果觉得有必要来视察一下我们的运作情况，我们非常欢迎。)

(4) 结束语(Closing Section)一般用一句话结束即可。例如：

I look forward to receiving your reply/order/products etc.

(等待您的答复/订单/产品等。)

If you require any further information，please let me know.

(若需询问信息，请来信。)

We genuinely appreciate your order，Mr. Anderson. And we look forward to a mutually rewarding relationship in the years ahead.

(Anderson 先生，非常感谢您的订单，期待着今后双方互利的合作。)

3) 信尾

信尾包括结尾敬辞、信末签名、口述者/打字员姓名缩写、附件、抄送、附笔等内容。

(1) 结尾敬辞。国际商务信函的结尾一般以 Yours Sincerely 结束，相当于中文书信信末的"××敬上"等词。通常紧贴信文最后一行下一两行书写，并加逗号。依据交往的程度，从浅到深分别是 Yours、Your Sincerely、Your Ever、Yours Always 等。还有些用法如 Your Affectionately 虽然显老式，但仍很有魅力。写商业信函时用 Yours Faithfully、Your Sincerely 较为得体，而 Best Regards 则属最不正式的结尾礼词，较少使用。

(2) 信末签名。涉外信函一般宜用打印机制作，但签名必须用笔实签，即使有打好的印刷体姓名，最好也要用手写体再签名一次。相互间熟悉可只签名字，但在商务上还是签全名，以便辨认。在结尾礼词下方留出三四行空当，供签名用，下面用打字机打印

上签署者姓名，然后是其职务名称。

(3) 口述者/打字员姓名缩写又叫关系人姓名缩写，是写信执笔者和打字者姓名的缩写，通常是执笔人和打字员姓名的第一个字母组成，以示负责或必要时查找。一般执笔者写左侧，打字者写右侧，如 YCL/HT。

(4) 寄送附带文件时，要用 Enc(一件)或 Encs(多件)标明，以提醒收信部门，既可避免遗漏，又可引起收信人的注意。例如：

Enc.Catalog1　　　　　　　　附寄目录册一份

Encs.Catalog1　　　　　　　　附寄目录册多份

Price list 2　　　　　　　　价格单两份

(5) 抄送符号表明要将这封信抄送给另外的人，打在附件下方。例如：

cc Harold Jones，Accountant　　　　抄送：会计　Harold Jones

David Piper，Managing Director　　　　总经理　David Piper

(6) 在业务书信中，附笔补充本人的说明，而不是补遗，是作为强调之用，特别引起对方注意或是用手亲笔书写增加人情味。商业信函或传真中的"附笔"(缩写为 P.S.)位于左边空白齐头处，在 "抄送"等说明之下空一行。例如：

P.S.Please send us your quotation urgently.

(附笔：请立刻寄上报价单)

P.S.Hope we'Ⅱ meet again soon.

(附笔：希望很快再见面)

### 2. 涉外商务信函的格式

收到一封信，收信人首先注意到的是信的格式。美观整洁的书信格式会给收信人留下深刻的印象。涉外商务信函一般包括全齐头式、齐头式、半齐头式(又称缩进式)和简化式。

(1) 全齐头式(Full-blocked)：这种格式的信函全部内容都从左边空白处写起，用起来方便省事，是现今常用的格式之一。而且除了信件正文，其他部分都采用免标点法，即日期、称呼、结尾礼词、地址各行的末尾均不用标点符号，除了缩写点之外。

(2) 齐头式(Blocked)：这种格式与全齐头式相似，只是有些内容不是从空白处写起。结尾敬辞、信末签名、写信人姓名和职衔都从中间写起。日期可以从中间起行，也可以靠右对齐。

(3) 半齐头式(Semi-blocked)：这种格式与齐头式雷同。不同的是，半齐头式的每个段落缩进 5 或 10 个英文字母；结尾敬辞、信末签名、写信人姓名和职衔从中间写起。

(4) 简化式(Simplified)：简化式和全齐头式相比，有几个主要的区别。首先，简化式没有称呼和结尾敬语，收信人姓名必须在信文内的某个地方出现。其次，事由和写信人

姓名必须大写。最后，列表要缩进5个英文字母空位，如果加有序号就不必缩进。

### 3. 涉外商务信函的写作原则

#### 1) 体谅原则

在写作前，写信人将希望转达给阅信人的每一个信息仔细考虑，并设身处地地站在他人的角度思考问题，用一种最佳的方法去表达自己的想法。这一原则强调的是"您为重"(Your attitude)，而不是我(I)或我们(We)。体谅(Consideration)原则还应该强调对待事件的积极态度，而不是消极态度。试对以下句子进行比较，如表6-2所示。

表6-2 涉外商务信函的语气

| 以"我"为先 | 以"您"为先 |
| --- | --- |
| We shall be able to install Cable TV shortly (我们将很快为您安装有线电视) | You will be pleased to hear that you will soon be able to receive Cable TV (您将很高兴地听到您很快就能接收有线电视了) |
| I am afraid we cannot deliver at the weekend (恐怕我们不能在周末送货) | You can have your goods delivered any weekday (您能在任何工作日内收到您的货物) weekday 是除了 weekend 之外的任意工作日 |
| I regret to inform you that we cannot refund your deposit unless you return the goods within a week (我很遗憾地通知您，如果一周内您不能送回货物，我们将无法将定金退还给您) | I am pleased to inform you that you will be able to receive a full refund of deposit if you return the goods within a week (我很高兴地通知您，如果您能在一周内将货物退回，我们将把定金全额退还给您) |
| 消极的语气 | 积极的语气 |
| It is not our fault if you do not check whether the goods are satisfactory on delivery (如果您没有在货物寄达时检查其是否合格，这就不是我们的问题了) | I am afraid customers are expected to check that goods are satisfactory on delivery (我们希望顾客能在货物寄达时检查其是否合格) |
| Problems of this type are common with the lower model. Next time you will have to buy the more advanced model (在低端型号中，这种问题普遍存在，下次您应该购买更好的产品) | Problems of this type are far less common with our more advanced model (这种问题在我们更高级的产品中要少得多) |
| We do not have the time to send our Sales Representative to see you. He is busy dealing with larger accounts than yours (我们没时间让销售代表去见您，他正在解决更大的项目) | We shall be happy to send our Sales Representative to visit you as soon as his heavy schedule permits (当销售代表的时间允许时，我们很高兴让他去拜访您) |

2) 礼貌原则

商业信函要求简洁，但简洁并不是简单，既要注意信件的措辞得体，又要符合商业信件礼貌周到的原则。写信时不要盛气凌人，避免出现命令或粗鲁等不恰当的口吻，而是应尊重、体谅、赞美对方，尽量使对方受益。写信过程中除了多使用诸如 please(请)、your kind inquiry(您善意的询问)、I would appreciate it if you would(如果您能……我将不胜感激)等短语外，还要避免使用伤害、贬低的短语，如 your neglectful attitude(你疏忽的态度)、impatience(不耐烦)、we deny your claim(我们否认你的声明)等；避免使用含有性别歧视的词语，如 businessman、chairman 等。

3) 明晰原则

商务信函应清晰地表达写信人的意图，不应有晦涩难懂之处，以便阅信人准确理解。最好采用一段一议的形式，也就是在每一个段落中只讨论一个既定的话题，并且在段首第一句就将此观点明确提出，应避免模棱两可的句子。

4) 简洁原则

商务信函切忌拖沓冗长和不必要的措辞与修饰，这样不仅浪费时间，而且容易给人造成重点不突出的印象，尽量用少而简短的词汇来表达信函内容，既简短又完整。

5) 具体原则

具体(Concreteness)原则要求写信人准确、详尽而又生动地表达内容，尤其是涉及数据及具体信息时，如时间、地点、人物、价格、支付方式等，要尽可能做到具体。这样才能使对方对所交流的内容更加清楚，而没有任何障碍。

6) 正确原则

正确(Correctness)原则除了指语法、拼写、标点等正确之外，也指语言标准、用词恰当、信息可靠和数据精确，也就是信件表达的内容应正确。特别是在一些关键词语和数据的运用上，切忌出错，以免造成不必要的纠纷，这一点对商务信函尤为重要。

7) 完整(Completeness)原则

在商务信函中，信息的完整很关键，因此信函中应该包括所有必需的信息，如是回信，应回答来信提出的所有问题和要求。同时，在信函寄出之前，仔细检查信函内容尤为重要。

**4. 涉外商务信函中应避免的语气**

1) 不信任的语气

If what you say is true …、If … as you allege 之类的语句往往让人觉得你是在怀疑别人的可信度。这样不利于激发对方做出对你有益的举动。试比较下面的例句。

We received the letter in which you claimed that the timer was defective at the time of purchase. If the goods were damaged in shipment，as you allege，we ...

（您在信中称计时器在买的时候就是坏的，如果如您所说它是在运输过程中被损坏的，我们……）

We have noticed in your letter that the timer was defective at the time of purchase. As you mentioned the goods were damaged in shipment，we ...

（您信中提到计时器在买的时候就是坏的，如您所说它正是在运输过程中被损坏的，我们……）

2）指责的语气

如果想让寄出的信函达到预想的目的，切忌在任何语句中出现指责对方的语气，如 You neglected、You forget、You omitted 等。试比较下面的例句。

You obviously ignored our request that you return the report by registered mail. You did not read the operating instruction for the new machine carefully.

（我们要求用挂号信寄回报告书，您显然忽视了这一点，您没有认真阅读新机器的说明书。）

We did request that you return the report by registered mail. To enjoy the full benefits of the new machine，you should follow the operation instruction carefully.

（我们的确希望您能用挂号信寄回报告书，在您认真阅读说明后，请充分享受新机器带来的便利吧。）

3）自以为是的语气

自以为是，认定对方会按自己的意见去做，是不礼貌的。例如下述句子就说明了这一点。

You would of course rather continue to do business with us because ...

（你当然会愿意与我们继续进行生意往来……）

这种自以为是的观点，有一种强加于人的意味，结果往往适得其反，使对方不易接受。

4）讽刺的语气

没有人喜欢被讽刺，在书信中更应注意这一点，特别是在用反语的方式强调某事的时候，一定要慎用，因为它往往适得其反。例如下面这段话，就完全没有起到鼓励员工的作用，反而引起大家的不满。

Congratulations，ladies and gentlemen. I am proud to announce that，as a result of your sustained and untiring efforts last month，we fell only $15000 short of our sales quota. You will be sure to receive rewards for your services.

（祝贺你们，女士们先生们，我非常自豪地宣布，由于你们上个月坚持不懈的努力，我们差$15000才能完成销售指标，你们将会为你们的贡献而得到嘉奖。）

5) 暴躁的语气

商务信函中，不应出现暴躁的语气以及不必要的牢骚，暴躁的语气势必会引起阅信人的反感。写信人也许完全有理由抱怨，但是暴躁愤怒的语气很可能导致对方的恶言拒绝。当然在实际业务中，有些事确实令人愤慨，但不应在交际中表现出来。

6) 侮辱的语气

在一般商务信函中，蓄意侮辱是罕见的，但是无意之中中伤对方时有发生，最常见的是使用一些无形中贬低的言辞。下面是一封产品推销的节录，该信的原意是想说服对方购买产品，结果反而中伤了不少人，因为这段文字的言外之意是谁不买金鱼牌的打字机，谁就愚昧无知。

All wise office managers around the country order Gold Fish—the most efficient of all office typewriters.

(所有聪明的办公室经理都会使用金鱼牌——最有效率的办公打字机。)

7) 居高临下的语气

在商务信函中，如果双方意在平等的基础上相互合作，居高临下的语气往往会带来不良的后果。试比较以下两组句子。

In an establishment as large as ours, we seldom ... (在我们这种规模的公司中，很少……)

We shall allow you to ... (我们允许你……)

You may call us at ... (你可以给我们打电话……)

Please notice that it is not our common practice to ... (这不是我们的通常做法……)

We shall be glad to have you ... (我们很高兴您能……)

Please call us at ... (请给我们打电话……)

8) 过分亲热的语气

近年来有一种趋势，商务信函的写作逐渐趋于采用非正式语体，许多人不按旧时的虚礼客套写信。然而，有些人走向了另一个极端，显得过于亲热、轻浮，结果弄巧成拙，不仅没有建立起友好感情，反而引起对方的反感。

公司的初级管理人员切忌把自己写的商业书信擅自送出。任何商业书信都应呈交顶头上司过目，有些重要的业务报告则应复印呈交顶头上司保存。若管理人员越级向上司报告业务，尤其是带有个人见解的业务报告，必然会引起顶头上司的不满，造成上、下

级关系紧张，从而给自己带来极大的麻烦，甚至会毁掉自己在公司的事业和前途。初级商业主管不应擅自向公司外的有身份、地位的人发送重要报告、书信或商业便函，所有这些书信都必须经由高级主管审阅并签名后才能发出。

# 第三节　电子邮件礼仪

电子邮件是通过互联网与特定对象进行文字信息交换的一种新型联络工具，它是国际互联网最重要的服务之一，它具有传统纸介信函的写作特点，又有信息时代的传递速度，大大提高了工作效率，节省了通信费用，成为不可或缺的商务活动手段。

## 一、电子邮件的书写

### 1. 电子邮件的格式

电子邮件礼仪.mp4

在日常商务活动中，因电子邮件传递速度快、使用频率高等特点，对格式并没有特别严格的要求，以清楚地表达所要通知或讨论的内容为第一目的。但在初次使用电子邮件进行交流或向职位较高的人士汇报工作等比较正式的信件中，电子邮件可以依照纸质商务信函的格式进行书写，以显示对讨论内容的重视程度非常高。

### 2. 电子邮件的书写礼仪

1) 主题要明确

电子邮件一定要写主题。空白标题是最失礼的。主题可帮助阅读者一目了然地了解邮件涉及的事项和讨论的内容，若没有主题，不便于收件人处理邮件，也容易被误认为是垃圾邮件或病毒邮件。

电子邮件的主题还要明确，但不应太长。让收件人通过主题就可大致了解邮件的内容，例如：使用"关于展览会的准备事宜"这一主题就比"准备事宜"这四个字明确具体许多。商务人士的工作节奏一般较快，明确具体的邮件主题可以帮助他们快速判断邮件内容的轻重缓急，决定处理顺序，从而可减轻收件人的负担。但太长的标题在某些邮件服务系统中无法全部显示，为收件人带来了不必要的麻烦。

2) 语言要流畅

电子邮件也是信函的一种，最终要被收件人阅读，起到交流沟通的作用，因此还要以语言流畅、准确表情达意为主。在书写过程中尽量避免生僻字与异体字，邮件写好后应仔细检查，有无错别字与语病，有无引起歧义之处。

3) 内容要简洁

商务交往中的电子邮件应尽量控制在数行之内，简洁切题。如果是较长的文件，有条件，最好是以打印文件的方式交给对方。如果条件限制，只能以电子邮件的形式发送，就应该将其整理成格式规范的文档形式，然后粘贴为附件，发给对方。

4) 签名档的使用

电子邮件消息末尾加上签名档是必要的。签名档可包括姓名、职务、公司、电话、传真、地址等信息，但该信息不宜行数过多，一般不超过 4 行。

5) 附件的使用

附件形式的多样化是电子邮件的另一优势。附件不仅可以发送整理成文档形式的义件，还可以发送照片、音频、视频等。在使用附件的过程中，应注意以下问题：首先，应在邮件正文中对附件进行简要说明，以便收件人阅读和整理；其次，在发送容量较大的附件时，应提前确定收件人所使用的邮件服务系统所允许的容量大小，防止由于附件较大，系统自动将其屏蔽，造成无法阅读。

6) "回复"功能的使用

在发送邮件得到回复后，如果想回复对方，该怎么办？错误的做法是创建一封新邮件，因为它打断了原始邮件和回复邮件之间的关联。一旦失去关联，双方就难以跟踪邮件的次序，尤其是经过多次收发的邮件。正确的做法是使用"回复"功能，它本质上相当于创建新邮件，并且维护了邮件之间的线索。

但也不应滥用此功能，当要发送的邮件与上一封邮件没有关联时，不能单纯为使用邮件地址而直接在上一封邮件上点击"回复"功能，而应再创建一封新的邮件。

7) 避免全部使用大写字母

大写字母只用于强调或引起收件人的注意，若在英文电子邮件中全部使用大写字母，会被人误解为语气强硬或态度恶劣。

8) 避免缩略语、网络用语和符号表情的使用

在商务电子邮件中，避免使用晦涩难懂的缩略语，建议使用常用的缩略语，如FYI(For your information，仅供参考)或BTW(By the way，顺便说说)，尽量使用一目了然的全称。不要使用网络用语和符号表情，因为网络用语和符号表情会使人觉得发信人不够专业，不符合商务沟通交流的要求。

9) 避免在邮件中添加不必要的修饰

电子邮件软件中有多种字体备选，还有各种信纸可供选择。这固然可以强化电子邮件的个人特色，但是对于此类功能应慎用。

原因如下：一方面，对电子邮件修饰过多，难免会使其容量增大，收发时间增长，而且往往会给人华而不实之感；另一方面，电子邮件的收件人所拥有的软件不一定能够

支持上述功能。这样一来，他所收到的那封电子邮件就很有可能会大大地背离发件人的初衷，因而使之前功尽弃。

## 二、电子邮件的收发

### 1. 确认邮件发送成功与否

发信后要检查"已发送"邮件箱，或在几分钟后检查个人邮箱中有无系统退信邮件。由于网络或邮件服务系统等原因，已经发出的邮件实际上并没有发送成功，这种情况还是存在的，因此，在发送邮件后，一定要确认邮件是否发送成功。

### 2. 重要邮件发送后要通知收件人查收

收件人出差不在或者电脑发生故障时，有可能影响电子邮件的及时处理。还有些人根本就没有打开电子邮箱的习惯。所以如果是比较重要的商务邮件，在发完邮件以后，一定打电话确认一下收件人是否收到并阅读了电子邮件，以免耽误重要事宜。

### 3. 收件人、抄送和密送

首先，应明确以下几个概念。

"收件人"地址应该是直接收信人，负有回复邮件的责任。

"抄送"地址应该是间接收件人。邮件发给间接收件人只是要他们知道邮件涉及的内容、供他们参考，他们并没有回复邮件的责任。当然，当他们对邮件内容有所异议的时候，也可以进行相应讨论。

"密抄"和"抄送"差不多，唯一的区别就是：在同一封邮件中，"收件人"和"抄送"的收信人看不到"密抄"的邮箱地址，即"密抄"对于"收件人"和"抄送"不可见。

如果使用"抄送"功能同时向多人发送商务邮件，则每个收件人都能够看到其他收件人的邮件地址，这样就有可能导致他人的邮箱地址被泄露，从而引起商务伙伴的不满。所以在向多人同时发送邮件时，如果有些人的邮件地址不便公开，那么最好是使用"密抄"功能来进行发送。

### 4. 及时回复

收到他人的重要电子邮件后，即刻回复对方，往往还是必不可少的，这是对他人的尊重。理想的回复时间是两小时内，特别是对一些紧急重要的邮件。对每一封邮件都立即处理是很占用时间的，对于一些优先级低的邮件可集中在特定时间处理，但一般不要超过 24 小时。如果事情复杂，无法及时确切回复，那至少应该及时通知对方邮件已经收

到，正在商讨处理等，不要让对方苦苦等待；如果你正在出差或休假，应该设定自动回复功能，提示发件人，以免影响工作。

只回复"是的""对""谢谢""已知道"等字眼，这是不礼貌的。回复不得少于10个字，这显示出对发信人的尊重。

不在微信中发布或转发带强制性或诅咒性字眼的信息；

不在微信朋友圈中传递负面情绪；

不发低俗黄色信息，不发涉及他人隐私的信息，不发涉及国家或工作单位机密的信息，不发敏感信息；

在工作微信群中不发私人信息；

如果是工作用的微信群，建议使用真实姓名，最好带上公司名称；

忌讳不事先沟通就把相互不认识的自己不同圈子的朋友拉进一个群里；

不在微信群里单独与某人聊天，也不要在群里一个人刷屏；

转发那些需要捐款、寻亲、收养等的求助微信时，是有电话号码联系人的自己先落实一下，以免转发虚假不实，甚至涉嫌吸费、诈骗的信息；

晚上12点以后尽量不在朋友圈或群里发微信；

在微信朋友圈里不要一直当"潜水者"，看到美文、好图、好思想不妨适当点赞，是捧场，也是谦逊。

# 思考与练习

## 一、单选题

1. 一般情况下，请柬需提前(　　)发送。
   A. 一个月　　　B. 1天　　　　C. 10～15天　　　D. 随时

2. 书写电子邮件时，以下哪种做法是错误的？(　　)
   A. 每封电子邮件都应该有一个主题
   B. 邮件中包含文档时，最好用附件形式发送，方便对方修改
   C. 要标明发信人的身份
   D. 所有的电子邮件都可以群发

3. 在书写国内标准信封时，寄件人的信息写在(　　)。

A. 信封左下角     B. 信封右下角

C. 可以不写      D. 信封左上角

4. 回复对方电子邮件时，哪种方法是正确的？(　　)

  A. 回复：是的

  B. 回复：对

  C. 回复：谢谢

  D. 回复：已收到您的邮件，我们会尽快处理，谢谢

## 二、讨论题

1. 简述国内商务信函的写作要求。

2. 简述涉外商务信函的写作原则。

## 三、训练题

1. 以班级的名义写一封邀请函给任课老师，邀请老师参加一次环保主题班会活动。

2. 假定你是远洋公司采购部经理，用中文给国内供货商写一封商务信函，询问一下公司需要的某种原材料价格。

# 第七章　商务宴请礼仪

**本章导读：**

商务宴请是一种带有浓重商务色彩的社交活动。通过宴请，能够协调关系、联络感情、增进友谊、加强合作。在商务宴请中，无论是组织者还是参加者，都应该对宴请活动的礼仪规范有所了解。本章对中餐、西餐、自助餐如何举办，用餐者应该遵守的礼仪规范进行了详细讲解。

## 第一节　中式宴请礼仪

中国宴请的历史可以追溯到新石器时代，请客吃饭是中国传统文化的一个重要组成部分，经过千百年的演进，在现代社会中，以宴请的方式款待宾客仍然是人际交往的重要形式。

## 一、中式宴请的准备

### 1. 发出邀请

正式的宴请一般要发请柬，这既是一种礼貌和尊重，也可让客人提前安排时间和活动行程，同时起到提醒和备忘的作用。主办方也可以在请柬发出后，再打电话询问其能否出席，以便提前安排。对于特别重要和尊贵的客人，主办方往往要亲自送请柬，以示敬意。

较高级别的正式宴会，最好能在发请柬之前排好席次，并在请柬上注明席次号。

请柬发出后，主办方应及时落实出席情况，准确记载，以安排并调整席位。即使是不安排席位的活动，也应对出席率有所估计，以免临时忙乱。

工作餐一般不发请柬。

### 2. 用餐地点的选择

宴请时，用餐地点的选择应注意以下几点。

1) 环境优雅

所谓环境，是指用餐地点的周边自然环境及用餐地点的室内环境。因为对于现代人

来讲，宴请不仅仅是为了"大饱口福"，而且越来越多的人讲究"赏环境、品文化"。如果用餐地点环境太差，即便菜品不错，也会使用餐者感觉不舒服，因此，从现代人"体验文化"这个层面上讲，在可能的情况下，一定要选择清静、温馨、优雅的用餐地点。用餐地点可以选在当地有特色的餐厅，也可以选择高档酒店的中餐厅等。

2) 设施完备

选择用餐地点时，还应注意里面的设施是否完备，如音响设备、空调、投影等，有时在宴请时会安排讲话、祝酒词、表演、演讲等活动。

3) 交通便捷

在选择用餐地点时，交通是否便捷也是应该考虑的重要内容之一。要充分考虑到用餐者来去交通是否方便、有无停车场所、有无交通线路通过此处、是否有必要为用餐者准备交通工具等一系列的具体问题。特别是在交通拥堵、停车困难的城市里，交通和停车便捷显得越来越重要。

### 3. 点菜

根据中国人的饮食习惯，宴请宾客与其说是"请吃饭"，倒不如说是"请吃菜"，因此在宴请时点菜就显得非常重要。点菜既是一门学问，也是一种艺术，往往菜单的水平就反映了接待的水平。

很多机构和公司都有一定的管理制度，针对不同规格的活动制定不同的接待标准，因此主人在点菜时要在制度允许的范围内发挥水平，要根据宴请的规格，安排量力而行的最佳菜肴组合，提倡"光盘行动"。公务接待中尤其要注意不能违规违纪。

客人的口味不尽相同，有的口味清淡，有的口味浓重；有的喜欢杭帮菜，有的喜欢粤菜，有的喜欢川菜，有的喜欢鲁菜等。请客时一定要尊重和迎合客人的喜好和口味，而不是以己方为主。一般客人到了某一个地方都有品尝本地特色的心理，因此在点菜的时候可以对外来宾客介绍一些本地的特色菜。

可以在餐厅点套餐或包桌，菜肴的档次和数量相对固定，费用标准也很清楚，比较省事。也可以根据客人爱好，在餐厅现场点菜，这样自由度较大。还可以在套餐的基础上，增加几道客人喜欢的菜，或者替换几道菜肴，不失为一个两全其美的方法。

对于规格较高的宴请，往往会提前印制好专为本次宴请特制的菜单，体现出对客人的极大重视。

在邀请外宾时，可以选择一些有明显中国特色的菜品，如饺子、春卷等，这些菜品往往能受到很多外国客人的欢迎。

在宴请外地客人时，选择一些有名的地方菜品应该是很受客人喜爱的，如西湖醋鱼、北京烤鸭等。

很多餐馆都会有自己拿手的特色菜，选择一份本餐馆的特色菜，说明主人的细心和对被请者的尊重。

## 中餐上菜顺序

一般情况下，中餐上菜的顺序是冷盘、热菜、主菜、甜菜、点心、汤、水果。上菜的顺序不是一成不变的，有的时候水果可以算在冷盘里，点心和甜菜也不是截然分开。一般遵循的原则是：拼盘先上，鲜嫩清淡的先上，名贵的先上，名牌菜先上，容易变形走味的先上，时令性强的先上等。

第一道热菜应放在第一主人和主宾的前面，没有吃完的菜则移向副主人一边，后面菜可遵循同样的原则。

冷盘，又称为冷拼、冷碟、凉菜，具有开胃佐酒的功能。

热菜，也称热炒，一般安排在冷菜后、大菜之前，起到承上启下的作用。热菜多为速成菜，以色艳、味美、爽口为特点，多以炒、炸、爆等快速烹调方法制成。

主菜，也称为大菜，是宴席中最重要的组成部分，通常由头菜(即整席菜点中原料最好、质量最精、名气最大的菜肴)和热荤大菜(即山珍菜、海味菜、肉畜菜等)组成，数量根据宴请的档次和需要而定。

甜菜，泛指宴席中一切甜味菜品，包括甜羹、甜汤等。

点心，可分为甜、咸两种，通常包括糕、饺子、包子等，一桌宴席可以配两道以上或更多的点心。

汤类，在宴席中，汤类占有很重要的地位，宴席上的汤类讲究清淡爽口，或香醇鲜美。

水果，水果是宴席的最后一道风景，水果拼盘造型各异，千姿百态，赏心悦目，体现了主办方的精心和饭店的水平。

菜肴上有孔雀、凤凰图案的拼盘应当将其正面放在第一主人和主宾的面前，以方便第一主人与主宾品尝。

### 4. 中式宴请的尊位确定、桌次安排

1) 中式宴请的尊位确定

宴请只有一桌的情况下，可根据房间的门来确定尊位。面朝门的中央位置可以作为尊位，如图 7-1 所示。

中餐宴请的桌次、桌位与位次安排.mp4

宴请为多桌的情况下，尊位一定设于主桌，面向其他桌方向的中央位置可以作为尊位，如图7-2所示。

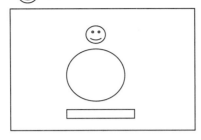

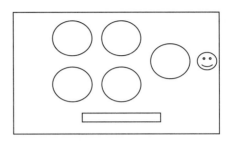

图 7-1　宴请为一桌情况下的尊位　　　图 7-2　宴请为多桌情况下的尊位

2) 中式宴请的桌次排序

桌次即桌子的摆放次序。中式宴请采用圆桌形式来布置菜肴，根据惯例，桌次高低以离主桌位置远近而定，桌数较多时，要摆桌次牌。

由两桌组成的小型宴请，又分为两桌横排和两桌竖排的形式。当两桌横排时，桌次是以右为尊(涉外情况)，如图7-3所示。这里所说的右和左，是以进入房间后，转身面对正门的位置来确定的。当两桌竖排时，桌次讲究以远为上，以近为下，如图 7-4 所示。这里所讲的远近，是以距离宴会厅门口的远近而言的。

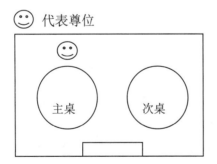

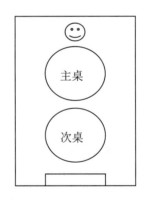

图 7-3　两桌横排时的桌次　　　　　图 7-4　两桌竖排时的桌次

由三桌或三桌以上的桌数所组成的宴请，除了要注意"面门定位""以右为尊""以远为上"等原则外，还应兼顾其他各桌距离主桌的远近。通常，距离主桌越近，桌次越高；距离主桌越远，桌次越低，如图7-5所示。

在安排桌次时，所用餐桌的大小、形状要基本一致。除主桌可以略大外，其他餐桌都不要过大或过小。

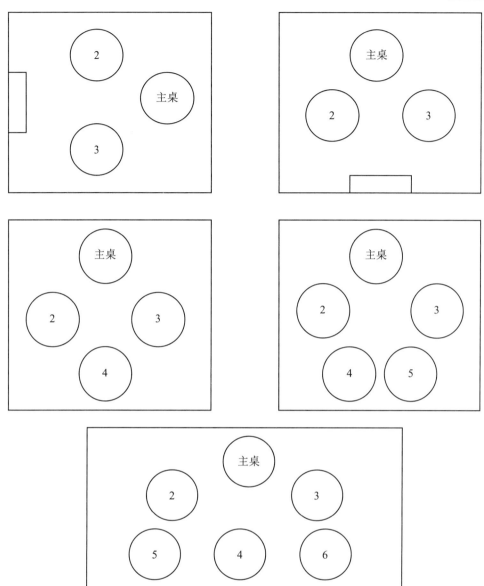

图 7-5　宴席为三桌或三桌以上的桌次排序

　　为了确保客人在宴请时及时、准确地找到自己所在的桌次，可以在请柬上注明对方所在的桌次、在宴会厅入口悬挂宴会桌次排列示意图、安排引位员引导来宾按桌就座，或者在每张餐桌上摆放桌次牌(可以用阿拉伯数字、花卉名称、地点等来标示)。

### 5. 中式宴请的座次排序

　　在商务宴请中的座次排序最重要的依据是职务的高低，其次是交际语言、业务类别和性别搭配。主客双方 1、2 号座次排序都尽可能按职位排列，后面人员的座位安排除职位外，还要兼顾是否有共同的交际语言、是否有业务关系、是否属不同性别等。

在双边宴请，主方只有一位主陪人的情况下，圆桌上设一对尊位，即"主尊"和"客尊"，以此为中心，其余主客双方人员各自按"以右为尊"的原则依次排列，同时要做到主客相间，如图 7-6 所示。

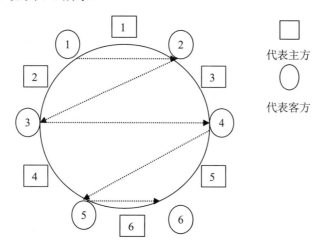

**图 7-6　主方只有一位主陪**

根据不同的接待规格，"主尊"和"客尊"的位置可以稍作变动。例如，当接待总公司领导或资历深厚的前辈时，为了表示尊重，可以请客人坐在全桌的中心位置上。

当主方有两位职位大致相当的主陪人同时出席时，1 号主人坐尊位，2 号主人坐在 1 号主人的对面，客方的 1 号人员陪坐在主方 1 号人员右手边，而客方的 2 号人员陪坐在主方 2 号人员右手边，其他人员按照以右为尊依次排列，同时要兼顾主客相间安排，如图 7-7 所示。

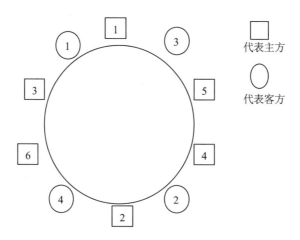

**图 7-7　主方有两位主陪同时出席**

### 日常用餐的位次安排

两人一同并排就座，通常以右为上座，以左为下座。这是因为中餐上菜时多以顺时针方向为上菜方向，居右坐的因此要比居左坐的优先受到照顾。

三人一同就座用餐，坐在中间的人在位次上高于两侧的人。

面对正门者是上座，背对正门者是下座。

以靠墙的位置为上座，靠过道的位置为下座。

高档餐厅里，室内外往往有优美的景致或高雅的演出，供用餐者欣赏。这时候，观赏角度最好的座位是上座。

## 二、中式宴请的就餐礼仪

### 1. 餐前礼仪

先礼让长辈入座，然后女士们可以大方地先行入座，尽量从左侧就座离座。

坐的姿势要端正，不可倚靠在桌面上或椅背上，注意与餐桌保持适当的距离。

手机最好关机或调成振动模式，如有紧急电话需接，请离座至适当场地接听。

如果有条件，脱下的长外套应放在衣帽间或挂在衣架上，如果没有其他地方放置外套，可折放在椅背上。手提包应放在背部与椅背间，而不能放在餐桌上。

### 2. 进餐礼仪

一道菜上桌后，要等主人或长辈先动筷。

取菜时先用公筷将菜肴夹到自己的盘中，然后再用自己的筷子慢慢食用。

同桌如有外宾，不要反复劝菜，也不要为其夹菜，因为外宾一般没有这个习惯。

用餐时，碗盘器皿不可拿在手上，用筷子取一口大小的食物送至口中，不可一次把过多的食物塞入口中。骨、刺要吐出时，应用餐巾或以右手遮口，吐在左手掌中，再轻置于骨盘中，不可直接吐在骨盘里，也不能吐在桌面或地上。

敬酒可以随时在饮酒的过程中进行。一般情况下，敬酒应以年龄大小、职位高低、宾主身份为先后顺序，一定要充分考虑好敬酒的顺序，分清主次。即使和不熟悉的人在一起喝酒，也要先打听一下身份或是留意别人对他的称呼，避免出现尴尬的局面。

### 3. 餐后礼仪

用餐完毕后，要等位次高的人离座后，才能离座。

在送客离开时，应该提醒客人不要忘记自身所携带或是寄存的物品，并且礼貌致意，等客人完全离开视线后再返回座位。

餐后要结账，不应当着客人的面，也不应拉拉扯扯抢着付账，应找一适当的时机悄悄地去结账。

### 宴请中的禁忌

1. 地方禁忌

不同地区的饮食偏好往往也不相同，"南甜北咸、东辣西酸"，这是各个地区的饮食特点，在宴请时尽量都要照顾到。欧美国家的人通常不吃宠物及动物内脏等食物，比如说，我们中国人爱吃的海参，欧美国家的人却不喜欢吃。

2. 宗教禁忌

宴请前一定要先了解宾客的个人信仰，如果对此不了解，或是贸然犯禁，都会带来很大的麻烦。

3. 职业禁忌

在某些职业方面，同样也表现出了各自不同的禁忌。例如，国家公务员在执行公务的时候不准吃请；在公务宴请时不准大吃大喝，不准超过国家规定的标准，不准饮用烈性酒；驾驶员在工作期间不得饮酒等。

饮茶礼仪.mp4

## 三、中式宴请中餐具的使用

### 1. 筷子与勺的使用

1) 筷子的使用

用餐期间与别人交谈时，应暂时放下筷子。

不能用筷子敲击碗、盘或指点对方，或是举着筷子停留片刻，好像迫不及待地要去夹菜。

不要去舔筷子，否则在大家共餐的餐桌上会显得非常不文雅，长时间把筷子含在嘴

里也不合适。

不能把筷子直立插放在食物、菜肴之上，根据民俗，只有祭祖先时才可以这样做。

不要把筷子当叉子，去叉取食物。

当暂时不用筷子时，可将它放在筷子架上或放在自己所用的碗、碟边缘上。不要把它直接放在餐桌上，更不要把它横放在碗、盘，尤其是公用的碗、盘上。

除了用筷子夹菜以外，不要用它做别的事情，比如剔牙、挠痒、梳头等。

2）勺的使用

一般情况下，尽量不要用勺去取菜。用勺取菜时，应在原处"暂停"片刻，免得汤汁滴流弄脏餐桌或自己的衣服。

用勺子取用食物后，应立即食用，不要把它再次倒回原处。

食用勺里盛放的食物时，尽量不要把勺塞入口中，或反复吮吸。

若取用的食物过烫，不要用嘴对它吹来吹去。

使用汤勺时要把筷子放下，不能一只手同时拿筷子又拿汤勺。

### 2. 碗与盘的使用

1）碗的使用

不要双手端起碗来进食。

以筷、勺加以辅助从碗内取食，切勿直接下手取用，或不用任何餐具以嘴吸食。

暂时不用的碗内不宜用来弹烟灰或放食物残渣。

2）盘的使用

盘子在餐桌上一般应保持原位，不应被挪动，不能多个盘子叠放在一起。

食碟是用来暂放从公用的菜盘里取来享用的菜肴的。

取放的菜肴不要过多。不要将多种菜肴堆放在一起，否则既影响美观，又可能会相互"串味"，既不好看，也不好吃。

残渣、骨、刺注意不要吐在地上或桌上，而应将这些废物轻轻放在食碟前端，必要时可让服务员取走而换新的食碟。

### 3. 辅餐具

最常见的中餐辅餐具有水杯、水盂、牙签、湿巾等。

1）水杯

中餐中所用的水杯，主要盛放清水、汽水、果汁、可乐等软饮料。不要用水杯盛酒。不要口朝下，倒扣水杯。

2）水盂

用手取食物进食时，餐桌上会摆一个水盂，也就是盛放清水的水盆。它里面的水并

不能喝，只能用来洗手。在水盂里洗手时，不要乱甩、乱抖。得体的做法是两手轮流沾湿指尖，然后轻轻浸入水中涮洗。洗毕，应将手置于餐桌之下，用纸巾擦干。

3) 牙签

牙签主要为剔牙之用。用餐时，尽量不要当众剔牙。非剔不可时，应以另一只手掩住口部进行。剔牙之后，不要长时间叼着牙签。取用食物时，也不要以牙签扎取。

4) 湿巾

每位用餐者的面前都会放一块湿巾，餐前上的湿巾用来供用餐者擦手使用，不要当毛巾用来擦脸、擦汗；餐后上的湿巾可以擦嘴。

# 第二节　西式宴请礼仪

## 一、西餐礼仪的基本知识

西餐是对西式饭菜的一种约定俗成的统称，与中餐相比，西餐除了口味不同之外，还必须使用刀叉，并遵循一定的礼仪。吃西餐讲究 4M，即 Menu(精美的菜单)、Mood(迷人的气氛)、Music(动听的音乐)、Manners(优雅的进餐礼节)。不论是作为邀请方还是用餐者，对西餐的餐序、西餐的座次、西餐的品尝、进餐的守则都要有所了解。

### 1. 西式宴请的准备

1) 宴请的范围

邀请哪方面人士，请到哪一级别，请多少人，主人一方请什么人出来作陪，均应根据宴请的目的、性质、主宾的身份、国际惯例、当地习惯、双方关系等研究确定。范围与规模确定之后，即可草拟具体邀请名单。被邀请人的姓名、职务、称呼以及对方是否有配偶都要明确。

2) 宴请时间的安排

宴请时间的安排要适合主宾双方，若难以兼顾，原则上首先要为宾客方着想。注意不要选择对方的重大节假日、有重要活动或有禁忌的日子和时间。宴请时间应在主宾同意后，才被认为是最后确定，可以按此邀请其他宾客。

3) 用餐环境要幽静、雅致、整洁、卫生

选定的场所要能容纳全体人员。举行小型商务宴会，在可能的条件下，宴会厅外另设休息厅，供宴会前简短交谈用，待主宾到达后一起进宴会厅入席。

4) 发出邀请及请柬

正式的商务宴请活动，一般均发请柬，这既是礼貌，又能对客人起提醒、备忘之用。小型宴请应首先征询主宾意见，最好口头当面邀请，也可用电话联系。工作餐一般

不发请柬。

5）确定菜肴及酒水

商务宴请的酒菜根据活动的形式和规格，在规定的预算标准以内安排。选菜不以主人的爱好为准，主要考虑主宾的喜好与禁忌。大型商务宴请，则应照顾到各个方面，菜肴道数和分量都要适宜。

**2. 西式宴请的座次排序**

西式宴请多采用长条餐桌，席位安排，类似中式的圆桌，要让陪同人员或主人、副主人坐在长桌的两端，尽量留心别让客人坐在长桌两端的席位上。排座时还应考虑来宾民族习惯、宗教信仰的差异性，不要因此出现不协调的局面。

1）法式就座方式

男、女主人在长桌两侧中间位置对坐，男主人右边是女主客，左边是女次宾；女主人右边是男主宾，左边是男次宾，其余男、女宾客相间而坐，如图7-8所示。

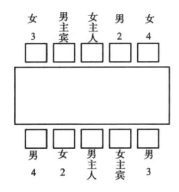

图7-8  法式就座方式

2）英美式就座方式

男、女主人在长桌子两端对坐，女主人右手边是男主宾，左边是男次宾；男主人右手边是女主宾，左边是女次宾，其余男、女宾客相间而坐，如图7-9所示。

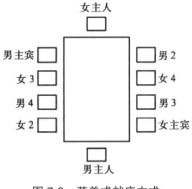

图7-9  英美式就座方式

### 3. 西餐菜肴

1）前菜

前菜也称为开胃菜。是为了让客人更有食欲而设计的菜肴，最常见的是冷盘，数量较少，质量较高，因为是宴请的开始，所以宜少量取用。

2）汤

西餐的汤大致可分为清汤、奶油汤、蔬菜汤和冷汤。品种有各式奶油汤、海鲜汤、意式蔬菜汤、俄式罗宋汤等。

3）副菜

水产类菜肴与蛋类、面包类、酥盒菜肴品均称为副菜，鱼类菜肴一般作为西餐的第三道菜。因为鱼类等菜肴的肉质鲜嫩，比较容易消化，所以放在肉类菜肴的前面，在叫法上也与肉类菜肴的主菜有区别。

4）主菜

肉、禽类菜肴是西餐的主菜。

## 西餐中的牛排

西餐中肉类的原料取自牛各个部位的肉，其中牛排是最有代表性的。牛排按其部位又可分为沙朗牛排(也称西冷牛排)、菲利牛排、"T"骨形牛排、薄牛排等。其烹调方法常用烤、煎、铁扒等。

5）沙拉

与主菜同时上桌的沙拉，称为生蔬菜沙拉，一般用生菜、西红柿、黄瓜等制成。沙拉的主要调味汁有醋油汁、法国汁、千岛汁等。沙拉除了蔬菜之外，还有一类是用鱼、肉、蛋类制作的，这类沙拉一般不加味汁，在进餐顺序上可以作为头盘食用。

6）甜品

西餐的甜品是在主菜后食用，它包括所有主菜后的食物，如布丁、冰淇淋、奶酪、水果等。

7）咖啡与茶

西餐的最后一道是饮料，为咖啡或茶。饮咖啡一般要加糖和淡奶油。茶一般要加香桃片和糖。饮用中国的绿茶、薄荷茶不加任何东西；如果是印度茶、黑茶或英国红茶则可以加少量的奶和糖。

正式的全套餐点没有必要全部都点，点太多却吃不完反而失礼。前菜、主菜(鱼或肉择其一)加甜点是恰当的组合。

**4. 参加西式宴请的注意事项**

1) 准时赴宴

应邀赴宴，或参加聚餐时，一定要准时抵达现场。严格地讲，抵达过早或过晚，均为失礼。适时到达是赴宴的重要礼仪，适时的含义是既不要迟到，也不要早到 15 分钟以上。如果早到，主人往往还未做好准备，因而措手不及；而晚到则会令他人望眼欲穿，甚至打乱整个原定的计划。

2) 宴会前的交流

宴请或聚餐，其主要目的都是交际，而不仅仅是为了大饱口福。所以在正式宴会开始以前都会有一段寒暄问候、相互介绍的时间。这段时间可长可短，一般正式的西餐宴会、大型招待会需要 20～40 分钟。

### 宴会前的交谈时间

这段时间称为 Mingling Time(混合时间)，或称为 Circling Time(转圈时间)。之所以称为 Mingling Time 或 Circling Time，是因为此时要求就餐者尽可能与更多的人交谈交流，应在场内游走，如同转圈，要问候一下主人，联络一下老朋友，并争取认识几位新朋友。

3) 入座的顺序

当主人邀请宾客入席时，首先入席的应该是主人夫妇与主宾夫妇，接下来依次为其他宾客及陪客人员。当长辈、女性入座时，晚辈、男性应走上前去将他们的座椅稍向后撤，待他们坐下时，轻轻将椅子向前推一点。一般应从自己行进方向的左侧入座，在同桌的女士、长者、位高者落座后，与其他客人一同就座。

## 二、西餐餐具的使用

### 1. 西餐刀叉的使用

西餐餐具的使用.mp4

吃西餐主要用刀叉。刀叉是餐刀、餐叉两种餐具的统称，刀叉是同时配合使用的，因此，人们在提到西餐餐具时，喜欢将二者相提并论。图 7-10 所示为西餐摆台图例。

图 7-10　西餐摆台

1) 刀叉的使用规范

在正式的西餐宴会上，一道菜是要换一副刀叉的，也就是说，吃每道菜时，都要使用专门的刀叉。因此在餐盘左、右两侧分别摆放有三副以上的刀叉就没有什么可奇怪的了。应当注意，要按顺序依次分别从外侧向内侧取用。

使用刀叉的两种常规方法如下。

英国式。它要求在进餐时，始终右手持刀，左手持叉，一边切割，一边叉而食之。通常认为，此种方式较为文雅。

美国式。它的具体做法是：先是右刀左叉，一口气把餐盘中要吃的东西全部切割好，然后把右手中的餐刀斜放在餐盘前方，将左手中的餐叉换到右手中，再来叉而食之。这种方式的好处是比较省事。

2) 使用刀叉注意事项

在切割食物时，不可以弄出声响；要双肘下沉，切勿左右开弓。那样做，一是有碍于人，二是"吃相"不佳，而且，还有可能使正在被切割的食物"脱逃而去"。

被切割好的食物应刚好适合一下入口。切不可叉起它之后，再一口一口咬着吃。另外，应当叉着吃，不能用刀扎着吃。

要注意刀叉的朝向。将餐刀临时放下时，不可刀口外向。双手同时使用刀叉时，叉齿应当朝下；右手持叉进食时，则应叉齿向上。

掉落到地上的刀叉切勿再用，可请侍者另换一副。

3）刀叉摆放的暗示

刀叉的摆置方式可以传达出"用餐中"或是"结束用餐"等信息，这是一个非常重要的功用。服务生正是利用这种功用，判断客人的用餐情形，决定是否收拾餐具准备接下来的服务等。

刀叉暗示的两种情况如下。

暂停用餐。刀右、叉左，刀口向内、叉齿向下，呈"八"字形状摆放在餐盘之上。它的含义是：此菜尚未用毕。

用餐完毕。刀口向内、叉齿向上，刀右叉左地并排纵放，或者刀上叉下地并排横放在餐盘中。它的含义是：侍者可以连刀叉带餐盘一块收掉。如图 7-11 所示。

图 7-11　刀叉摆放的暗示

#### 2. 西餐餐勺的使用

1）餐勺的种类

在西餐的正餐里，一般至少有两把餐勺，它们形状不同、用途不一，摆放也有各自的既定位置。

甜品勺。个头较小，在一般情况下，它应当被横向摆放在吃甜品所用刀叉的正上方，并与其并列。如果没有甜品，用不上甜品勺的话，有时它也会被个头同样较小的茶勺取代。

汤勺。个头较大，通常它被摆放在用餐者右侧的最外端，与餐刀并列纵放。

这两种勺的使用方法是不一样的，尤其是汤勺，它的用法与中餐的汤勺区别更大。

2）餐勺的使用

餐勺除可以饮汤、吃甜品之外，不可直接舀取其他任何主食、菜肴。

已经开始使用的餐勺，切不可再放回原处，也不可将其插入菜肴、主食，或是令其"直立"于甜品、汤盘或红茶杯之中。

使用餐勺时，要尽量保持干净清洁。

用餐勺取食时，动作应干净利落，切勿在甜品、汤或红茶之中搅来搅去。

用餐勺取食时，切忌过量，而且一旦入口，就要一次将其用完。不要一餐勺的东西，反复品尝好几次。餐勺入口时，应以其前端入口，而不是将它全部塞进嘴里。

能直接用茶勺去舀取红茶饮用。

### 3. 西餐餐巾的使用

1) 餐巾的作用

餐巾的用法.mp4

将餐巾平铺于大腿之上,其主要目的就是"迎接"进餐时掉落下来的菜肴、汤汁,以防止其弄脏自己的衣服。

在用餐期间与人交谈之前,应先用餐巾轻轻地擦一下嘴。以餐巾擦嘴时,尽量使用一个地方,不应用餐巾擦汗、擦脸,擦手也要尽量避免。女士进餐前,也可用餐巾轻擦一下口部,以除去唇膏。特别要注意,不要用餐巾去擦餐具,那样做等于向主人暗示餐具不洁,要求其调换一套。

在进餐时,尽量不要当众剔牙,也不要随口乱吐东西。万一非做不可时,应以左手拿起餐巾挡住口部,然后以右手去剔牙,或是以右手持餐巾接住"出口"之物,再将其移到餐盘前端。倘若这些过程没有遮掩,那是颇为失态的。

2) 餐巾的放置

餐巾在西餐餐具里是一个发挥多重作用的重要角色。它们在面积上有大、中、小之分,形状上也有正方形与长方形之别。西餐里所用的餐巾,通常会被叠成一定的图案,放置于用餐者的垫盘中,或是直接被平放于用餐者左侧的桌面上,如图7-12所示。

**图7-12 餐巾**

餐巾都应被平铺于大腿上。使用正方形餐巾时,可将它折成等腰三角形,并将直角朝向膝盖方向。若使用长方形餐巾,则可将其对折,然后折口向外平铺。

不要把餐巾掖于领口并围在脖子上、塞进衣襟内。

3) 餐巾的暗示

宴请正式开始。西餐大都以女主人为"带路人",当女主人铺开餐巾时,就等于在宣布用餐可以开始了。

餐中暂时离开。若中途暂时离开,可将餐巾放置于本人座椅的椅面或椅背上。见到这种暗示,侍者就不会马上动手"撤席",而会维持现状不变。

宴请正式结束。当主人,尤其是女主人把餐巾放到餐桌上时,意在宣告用餐结束,请各位告退。

## 三、西餐中的饮酒礼仪

餐前酒.mp4

西餐宴会中所饮用的酒水，一般可以分为餐前酒、佐餐酒、餐后酒。

### 1. 餐前酒

餐前酒，别名开胃酒，是在开始正式用餐前饮用的酒类，或与开胃菜配伍时饮用的酒类。在一般情况下，人们喜欢在餐前饮用的酒水有香槟酒、鸡尾酒。

1）香槟酒

香槟酒(法文 Champagne 的音译)是一种富含二氧化碳的起泡白葡萄酒，原产于法国香槟省，因此而得名。香槟酒是将白葡萄酒装瓶后加酵母和糖，放在低温(8～12℃)下发酵而制成的，酒精含量为 13%～15%。

### 香槟酒的来历

1668 年，奥维利修道院的管家修士丹·佩里农，为了酿造出甘甜可口的葡萄酒，就把各种葡萄酒互相掺拌，用软木塞密封后放进酒窖。第二年春天，当他把那些酒瓶取出时，发现瓶内酒色清澈，明亮诱人。一摇酒瓶，砰一声巨响，他吓了一跳，瓶塞也不翼而飞，酒喷出了瓶口，芳香四溢。大家都感到快乐和新奇，争着品尝新酒，并把这种酒称为"爆塞酒""魔鬼酒"。后来，人们按照用产地命名的习惯，把它命名为香槟酒(Champagne)。

香槟酒能够增添宴会的气氛，适宜在餐前喝，适宜配合每一道菜喝，也适宜在餐后喝。它是发泡性葡萄酒的一种，被称为酒中之王，历来受到人们的喜爱。它的最佳饮用温度应该是 8～10℃，因此饮用前可在冰桶里放 20 分钟或在冰箱里平放 3 小时。

粉红香槟酒可以配法餐的鹅肝、火腿或家禽，也可以配中餐的红烧肉。白葡萄香槟酒则可以配法餐的羊羔肉，也可配中餐的清蒸鱼和白灼虾等。因此，作为开胃酒的香槟酒能与不同的菜肴以及甜品搭配。

香槟酒的酒杯有两种：一种是高脚开口浅杯，另一种是状似切头的郁金香外形杯。后者是喝香槟酒的最佳搭配，这种形状的酒杯，其容积和高度，使香槟酒的气泡有足够空间上升到酒层表面，而且这种酒杯还能维持酒的温度。

2) 鸡尾酒

鸡尾酒是用几种酒加果汁、香料等混合而成的酒，多在饮用时临时调制。鸡尾酒是一种量少而冰镇的酒。它是以朗姆酒、威士忌等烈酒或是葡萄酒作为基酒，再配以果汁、蛋清、苦精(Bitters)、糖等其他辅助材料，加以搅拌或摇晃而成的一种饮料，最后还可用柠檬片或薄荷叶作为装饰物。

### 鸡尾酒是怎么回事

一说，从前外国有一位驸马，善于配制混合酒，很受宾客欢迎，有一次他在忙乱中丢失了调酒的勺子，便信手拔下头饰上的鸡毛调制，因而得名。

另一说，西欧某国，猎人上山狩猎时各自带酒。一次进餐时，大家把酒混在一起共饮，酒味极佳。由于各种酒混在一起，五光十色，在阳光下闪烁，像鸡尾一样好看，因而得名。

再一说，外国人喜欢斗鸡，每当斗鸡得胜时，总喜欢拿一支公鸡的尾巴毛到酒馆饮酒，以表示自己是斗鸡的胜利者。人们便把这种酒称作"鸡尾酒"。

现在，鸡尾酒已成为人们所喜爱的饮料。由于它色香俱全，光彩夺目，所以在欧美各国备受欢迎，20世纪初传入我国。

喝鸡尾酒时，需用鸡尾酒杯，通常是呈倒三角形的高脚玻璃杯，不带任何花纹。因鸡尾酒要保持其冰冷度，所以手应接触其高脚部位，不能直接触摸杯壁，否则会因其变暖而影响酒味。

### 2. 佐餐酒

佐餐酒，又称餐酒，是在正式用餐期间饮用的酒水。西餐里的佐餐酒均为葡萄酒，而且大多数是干葡萄酒或半干葡萄酒。

佐餐酒.mp4

### 葡萄酒的来历

葡萄酒当推是人类最早发现的酒，它的历史远远超过了一万年。相传在远古时代，人们为了生存而狩猎，出发之前常常将采摘来的野葡萄压榨出甜汁，装入皮囊中带在身上用以解渴。当狩猎完毕，大家忽然惊奇地发现，那些葡萄汁已经变成另外一种不同的

饮料了。当时人们并不知道这是怎么一回事，只知道这种新的饮料味道非常甘美。于是以后人们就有意识地使它发生这种变化以便获取和享用这种饮料。直到后来人类才逐渐明白，葡萄汁是经过一种微小生物的作用而发酵变成了酒，这种微小的生物就是酵母菌。

1) 红葡萄酒

红葡萄酒是选择皮红肉白或皮肉皆红的酿酒葡萄，采用皮汁混合发酵，然后进行分离陈酿而成的葡萄酒，这类酒的色泽应呈自然宝石红色、紫红色、石榴红色等。失去自然感的红色不符合红葡萄酒色泽要求。

"红酒配红肉"中所说的红肉，即牛肉、羊肉、猪肉。吃这类肉时，应配以红葡萄酒。

饮红葡萄酒需用高脚杯。红葡萄酒的最佳饮用温度为 15～20℃，因此，可以在室温下饮用，不用冰镇。在饮用时，可以用手握住杯肚，让体温把温度提一提。而且在红葡萄酒饮用前最好先打开酒盖醒醒酒，或者将酒倒入醒酒瓶中，让其氧化一阵儿，这样饮用时，酒味会更加纯正、柔和。

2) 白葡萄酒

选择用白葡萄或浅红色果皮的酿酒葡萄，经过皮汁分离，取其果汁进行发酵酿制而成的葡萄酒，这类酒的色泽应近似无色，或浅黄带绿，或浅黄，或禾秆黄。颜色过深则不符合白葡萄酒的色泽要求。

"白酒配白肉"中所说的白肉，即鱼肉、海鲜、鸡肉。吃这类肉时，需以白葡萄酒搭配。

饮白葡萄酒也需用高脚杯，喝白葡萄酒时用手握住下面杯脚部分，不要用手包围上壁，以免手指和手掌温度传导到酒中，从而破坏酒味。白葡萄酒的最佳饮用温度是 0～5℃，因此，饮用前最好先将白葡萄酒放在冰箱的冷藏室中，饮用时，将酒瓶置于冰桶中。

## 上葡萄酒的规则

- 酒质较轻的葡萄酒应比酒质较重的葡萄酒先敬上来供客人饮用。
- 干葡萄酒先上，甜葡萄酒后上。
- 酒龄较短的葡萄酒先于酒龄较长的葡萄酒。

### 3. 餐后酒

餐后酒指的是在用餐之后，用来帮助消化的酒水。最有名的餐后酒，是有"洋酒之王"美称的白兰地酒。利口酒也属于餐后酒的一种。

餐后酒.mp4

#### 1) 白兰地酒

白兰地最早起源于法国。它原来的意思就是"葡萄酒的灵魂"。法国是目前公认最优秀的白兰地王国，其最负盛名的两大白兰地酒产地干邑(Cognac)和雅玛邑区(Armagnac)都位于法国的西南边。

大部分人认为白兰地是一种酒香非常浓郁的酒。因此，在净饮时宜用肚大口小的白兰地专用酒杯。这种酒杯适宜于用手指和掌心握住酒杯，这样就可以用体温将酒轻微加温让酒香从酒水中溢出。同时，酒香聚合在杯口。饮用时，一般可以轻微地旋转酒杯，让酒香充分溢出，然后闻一闻再饮用。适合小口饮用。

阅读栏

## XO 酒小知识

所有白兰地酒厂都用字母来分别品质。

| 英文字母缩写 | 英文代表含义 | 中文含义 |
| --- | --- | --- |
| E | Especial | 特别的 |
| S | Superior | 上好的 |
| F | Fine | 好 |
| V | Very | 很好 |
| O | Old | 老的 |
| P | Pale | 淡色而苍老 |
| X | Extra | 格外的 |

也就是说，XO 酒的含义就是格外老的酒，用中国人的话来讲就是陈年老酒。

在法国，干邑的级别有极为严格的规则，酒商是不能随意自称的。总括而言，有下列类别：

| 干邑的级别 | 蕴藏期 |
| --- | --- |
| 3-Star(三星)干邑 | 不少于两年 |
| V.S.O.P 干邑 | 不少于 4 年 |
| Napoleon 干邑 | 不少于 6 年 |
| X.O 干邑 | 8 年以上 |

2）利口酒

利口酒是英文 Liqueur 的音译，是一种含有酒精的饮料，在白兰地、威士忌、伏特加、葡萄酒、朗姆、金酒中加入一定的"加味材料"，如果皮、砂糖、香料等，经蒸馏、浸泡、熬煮而成。它是传统的餐后酒，有助于消化。现在欧洲人多数喜欢把利口酒叫作"香甜酒"，我国港澳地区称利口酒为"力妖酒""力乔酒"。

## 饮酒注意事项

在佐以多种酒时，应注意以下几点。

- 不甜的白葡萄酒，应比红葡萄酒先用。
- 不甜的酒，比甜的、浓的酒先饮用。
- 度数低的酒，比度数高的酒先饮用。
- 要避免在吃完甜食或有甜味的食品后，再喝不甜的酒。

洋酒符号与年代如表 7-1 所示。

表 7-1 洋酒符号与年代

| 符　号 | 白兰地酒的储藏年份 | 符　号 | 橡木桶储藏时间 |
| --- | --- | --- | --- |
| ★ | 表示 3 年陈贮 | "X" | 代表 5 年 |
| ★★ | 表示 4 年陈贮 | "XX" | 代表 10 年 |
| ★★★ | 表示 5 年陈贮 | "XXX" | 代表 15 年 |
| V.O. | 表示 10～12 年陈贮 | "V.O." | 代表 15 年以上 |
| V.S.O. | 表示 12～20 年陈贮 | "V.S.O" | 代表 20 年以上 |
| V.S.O.P. | 表示 20～40 年陈贮 | "V.S.O.P" | 代表 30 年以上 |
| Napoleon | 表示 40 年陈贮 | "X.O" | 代表 40 年以上 |
| X.0 | 表示 50 年陈贮 | "EXTRA" | 代表 50 年以上 |
| X. | 表示 70 年陈贮 |  |  |

## 4. 酒与菜肴的搭配

在正式的西式宴请中，作为主角的酒水与菜肴的搭配十分严格。欲使酒水正确地搭配菜肴并发挥开胃助兴这一功能，就必须懂得酒水与菜肴搭配之道。

1) 咸味菜肴

一般没有咸味酒，但有许多酒类能降低含盐食品的咸味。世界上许多国家和地区食用海产品如鱼类时，都会配用柠檬汁或酒类，主要原因是酸能降低鱼类的咸度，食用时，味道更加鲜美可口。

2) 苦味菜肴

苦味酒和带苦味的食物一起食用苦味会减小，所以如果想减淡或除去苦味，可以将苦味酒和带苦味的食物搭配食用。

3) 甜味菜肴

一般说来，甜食会使甜酒口味减淡。吃甜点时，糖分过高的甜点会将酒味覆盖，使其失去原味。因此应该选择略甜一点儿的酒类，这样酒才能保持原来的口味。用餐时，同样可以依个人口味选择甜点。

4) 酸味菜肴

一般来讲，酒不能与沙拉搭配，原因是沙拉中的酸极大地破坏了酒的醇香。但是，如果沙拉和酸性酒类同用，酒里所含的酸就会被沙拉的乳酸分解掉，这当然是一种绝好的搭配。所以，可以选择酸性酒和酸性食物一起食用。酸性酒类与含盐食品共用，味道也很好。

### 5. 饮酒礼仪

1) 斟酒

通常，酒水应当在饮用前斟入酒杯。有时，男主人为了表示对来宾的敬重、友好，还会亲自为来宾斟酒。主人为来宾所斟的酒，应是本次宴会上最好的酒，并应当场启封。

白酒与啤酒均可以斟满，而洋酒则无此讲究。若是斟得过满乱流，显然不合适，而且也是浪费。

可以依顺时针方向，从自己所坐之处开始，也可以先为尊长、嘉宾斟酒。

2) 祝酒

祝酒也称敬酒，是酒宴上必不可少的一道程序。在正式宴会上，由男主人向来宾提议，为了某种事由而饮酒。在敬酒时，通常要讲一些祝愿、祝福之言。在正式的宴会上，主人与主宾还会郑重其事地发表一篇专门的祝酒词。

如果致正式的祝酒词，应在特定的时间进行，并以不影响来宾用餐为首要考虑。通常，致祝酒词最适合在宾主入席后、用餐前开始，有时，也可以在吃过主菜之后上甜品之前进行。

不管是致正式的祝酒词，还是在普通情况下祝酒，均应内容越短越好，千万不要连篇累牍，长篇大论，喋喋不休，让他人等候良久。

在他人敬酒或致辞时，其他在场者应一律停止用餐或饮酒。应坐在自己座位上，面向对方认真地洗耳恭听。对对方的所作所为，不要小声讥讽，或公开表示反感对方的祝词。

敬酒可以随时在饮酒的过程中进行，频频举杯祝酒，会使现场氛围热烈而欢快。

3）干杯

干杯通常指的是在饮酒时，特别是在祝酒、敬酒时，以某种方式劝说他人饮酒，或是建议对方与自己同时饮酒。在干杯时，往往要喝干杯中之酒，故称干杯。有的时候，干杯者相互之间还要碰一下酒杯，所以又叫作碰杯。

## 碰杯的由来

世界上的许多国家，每逢宴会、节日、生日、婚日或其他喜庆的好日子，人们就欢聚一堂，饮酒助兴，开始主人总是要举杯和大家相碰，以示庆贺。这种碰杯的礼节是怎么来的？据传，大约在古罗马的时候，流行一种习惯：决斗之前，双方要先喝一杯酒；而喝酒之前，双方要把酒杯中的酒倒给对方一点，证明里面没有毒药，然后一饮而尽。这个习惯流传下来，就成为今天酒席上的碰杯了。

干杯需要有人率先提议。提议干杯者，可以是致祝酒词的主人、主宾，也可以是其他任何在场饮酒之人。

在西餐中，人们是只祝酒不劝酒，只敬酒而不真正碰杯的。祝酒干杯讲究只用香槟酒，而绝不可以用啤酒或其他葡萄酒替代。饮香槟干杯时，应饮去杯中之酒一半为宜，但也要量力而行。使用玻璃酒杯时，一定要注意不能彼此碰杯。而越过身边之人，与相距较远者祝酒干杯，尤其是交叉干杯，都是非常失礼的表现。

4）祝酒致词

正式宴会，一般均有祝词。有的一入席双方即讲话祝词；也可在热菜之后甜食之前，由主人祝词，接着由客人致答词。冷餐会和祝酒会讲话时间则更显灵活。

祝词时，服务人员要停止一切活动，参加宴会的人员均暂停饮食，专心聆听，以示尊重。

致辞毕则祝酒，故在致辞行将结束时，服务人员要迅速把酒斟满，供主人和主宾等祝酒用。

### 各国饮酒习俗趣谈

在澳大利亚，只有在下午6时后，才准喝酒。如果在冬天，则要向后延迟一小时，至于新年及节日，饮酒的时间要到晚上11时才能开始。

在加拿大，则因地方的不同而有不同的规定，如在魁北克进餐时饮酒是被允许的，但在多伦多，除在鸡尾酒会之外，其他场合一律禁止进餐时饮酒。

在美国的俄克拉荷马州与密西西比州，只准人们喝无甜味的酒。

在瑞典，男子每月只准喝3kg的酒。

在保加利亚、匈牙利与罗马尼亚，在选举时会有个短暂的酒禁，之所以有如此措施，乃为防止选民因醉酒而滋事。

在法国，饮酒通常不受限制，所以在周末到深夜，你可以见到许多醉鬼，歪七倒八地躺在路边。饮酒的时间，每天长达19小时。

阿拉伯国家在3000年前就已获得酿酒之道，但是他们现在如要喝酒，除了到地下酒吧之外，别无他法。

在印度，只能在酒市时才准一尝"杯中物"。

在德国，有许多地方只许喝啤酒，其他烈酒均在禁止之列。

# 第三节　自助餐礼仪

## 一、主办自助餐的礼仪

### 1. 自助餐的由来

自助餐(Buffet)是起源于西餐的一种就餐方式。厨师将烹制好的冷、热菜肴及点心陈列在餐厅的长条桌上，由客人自己随意取食，自我服务。这种自助式服务的用餐方式首先在欧美各国流行，并且随着人们对美食的不断追求，自助餐的形式由餐前冷食、早餐逐渐发展为午餐、正餐；由便餐发展到各种主题自助餐，如情人节自助餐、圣诞节自助餐、周末家庭自助餐、庆典自助餐、婚礼自助餐、美食节自助餐等。

## 自助餐的起源

这种就餐形式起源于 8—11 世纪北欧的"斯堪的纳维亚式餐前冷食"和"亨联早餐"(Hunt Breakfast)。相传，这是当时的海盗最先采用的一种进餐方式，至今世界各地仍有许多自助餐厅以"海盗"命名。海盗们性格粗野，放荡不羁，以至于用餐时讨厌那些用餐礼节和规矩，只要求餐馆将他们所需要的各种饭菜、酒水用器皿盛好，集中在餐桌上，然后由他们肆无忌惮地畅饮豪吃，吃完不够再加。海盗们这种特殊的就餐形式，起初被人们视为不文明的现象，但久而久之，人们觉得这种方式也有许多好处：对顾客来说，用餐时不受任何约束，随心所欲，想吃什么菜就取什么菜，吃多少取多少；对酒店经营者来说，由于省去了顾客的桌前服务，自然就省去了许多劳力，可减少服务生的使用，为企业降低了用人成本。

### 2. 自助餐的场地选择

在选择、布置自助餐的就餐地点时，有以下几个场地可以考虑。

(1) 自家领地。如果条件允许，可以在自己家中或公司的礼堂、会场这样一些比较开阔的场地举行。最佳的选择是露天的庭院，比如花园、园林、小型广场。在不破坏环境的前提下，于此举办自助餐，效果是比较好的。

## 自家领地举办自助餐的注意事项

在自家地盘举办自助餐，要注意以下问题。

要为用餐者提供一定的活动空间。除了摆放菜肴的区域之外，在自助餐的就餐地点还应划出一块明显的用餐区域。这一区域，不要显得过于狭小。考虑到实际就餐的人数往往具有一定的弹性，实际就餐的人数难以确定，所以用餐区域的面积要划得大一些。

要提供数量足够使用的餐桌与座椅。尽管真正的自助餐所提倡的，是就餐者自由走动，立而不坐。但是实际上，有不少就餐者，尤其是其中的年老体弱者，还是期望在其就餐期间，能有一个暂时的歇脚之处。因此，在就餐地点应当预先摆放好一定数量的桌椅，供就餐者自由使用。而在室外就餐时，提供适量的遮阳伞，往往也是必要的。

(2) 专营性的自助餐店。专营性的自助餐店是专门提供自助餐的地方，国内外都有。最便捷的方式是：先与店家联系，把场地订下来，这样可使自己省时省力。

(3) 星级酒店。一般的星级酒店，三星级以上的，都会提供自助餐，所以如果请的客人不多，最省钱、最省事、最省力气的选择，就是到星级酒店去吃自助餐。它不仅省事，还能保证及时供应丰富的、新鲜的食物，而且人越多成本越低。

### 3. 自助餐的时间安排及相应礼仪规范

1) 自助餐的时间安排

因为自助餐多在正式的商务活动之后举行，故而其举行的具体时间受到正式的商务活动的限制。不过，它很少被安排在晚间举行，而且每次用餐的时间不宜超过一小时。根据惯例，自助餐的用餐时间不必进行正式的限定。

2) 自助餐的礼仪规范

只要主人宣布用餐开始，大家即可动手就餐。在整个用餐期间，用餐者可以随到随吃，大可不必非要在主人宣布用餐开始之前到场恭候。在用自助餐时，也不像正式的宴会那样必须统一退场，允许"半途而废"。用餐者只要自己觉得吃好了，在与主人打过招呼之后，随时都可以离去。通常，自助餐是无人出面正式宣告其结束的。

一般来讲，主办单位假如预备以自助餐对来宾进行招待，最好事先以适当的方式对其进行通报。同时，必须注意一视同仁，即不要安排一部分来宾用自助餐，而安排另外一部分来宾去参加正式的宴请。

### 4. 自助餐的适用场合

如果公司、企业、机关要在大型的活动之后安排宴会，那么自助餐肯定是最佳选择。比如，开业、剪彩等庆典仪式之后，自助餐实际上都是与这些活动捆绑在一起，作为其辅助性项目存在的。

为公司筹办自助餐 1.mp4

如果需要宴请的客人超过百人，自助餐通常也是一种最好的选择。例如，举办亚运会的时候，参赛者，再加上记者，加上运动员，加上裁判员，加上国际体育组织的工作人员，一家酒店或一家餐厅往往要接待上千人，安排自助餐，而且是 24 小时开放的，人们可以随时到随时吃。它很好地解决了几千人的吃饭问题。

### 5. 自助餐食物的特点

自助餐为就餐者所提供的食物，既有其共性，又有其个性。

(1) 共性之处：为了便于就餐，以提供冷食为主；为了满足就餐者的不同口味，应当尽可能地使食物在品种上丰富多彩；为了方便就餐者进行选择，同一类型的食物应集中在一处摆放。

（2）个性之处：在不同的时间或款待不同的客人时，食物可在具体品种上有所侧重。有时，它以冷菜为主；有时，它以甜品为主；有时，它以茶点为主；有时，它还可以酒水为主。除此之外，还可酌情安排一些时令菜肴或特色菜肴。

一般而言，自助餐上所备的食物在品种上应当多多益善。具体来讲，一般的自助餐上所供应的菜肴大致应当包括冷菜、汤、热菜、点心、甜品、水果以及酒水等几大类型。

在准备食物时，务必注意保证供应。还需注意食物的卫生以及热菜、热饮的保温问题。

#### 6. 自助餐场合对客人的招待

招待好客人，是自助餐主办者的责任和义务。要做到这一点，必须特别注意下列环节。

为公司筹办自助餐 2.mp4

1）要照顾好主宾

不论在任何情况下，主人都要照顾好主宾，因此自助餐也不例外。其主要表现在：陪同其就餐，与其进行适当的交谈，为其引见其他客人等。只是要注意给主宾留一些供其自由活动的时间，不要始终伴随其左右。

2）要充当引见者

作为一种社交活动的具体形式，自助餐自然要求其参加者主动进行适度的交际。在自助餐就餐期间，主人一定要尽可能地为彼此互不相识的客人多创造一些相识的机会，并且积极为其牵线搭桥，充当引见者，即介绍人。应当注意的是，介绍他人相识，必须了解彼此双方是否有此心愿，切勿一厢情愿。

3）要安排服务者

小型的自助餐，主人往往可以一身两任，同时充当服务者。但是，在大规模的自助餐中，显然是不能缺少专人服务的。在自助餐中，直接与就餐者进行正面接触的主要是侍者。根据常规，自助餐中的侍者须由健康而敏捷的男性担任。

### 自助餐中服务人员的主要职责

服务者的主要职责是：为了不使来宾因频频取食而妨碍同他人所进行的交谈，主动向其提供一些辅助性的服务。比如，推着装有各类食物的餐车，或是托着装有多种酒水的托盘，在来宾之间巡回走动，而听凭宾客各取所需。另外，还可以负责补充供不应求的食物、餐具等。

## 二、参加自助餐的礼仪

### 1. 先来后到，排队取食

在享用自助餐时，大家都必须自觉地维护公共秩序，讲究先来后到，排队选用食物。尽管需要就餐者自己照顾自己，但这并不意味着他可以因此不择手段。所以，在就餐取菜时，即使用餐者非常多，也不允许乱挤、乱抢，更不允许不排队。

在取菜之前，先要准备好一只食盘。轮到自己取菜时，应以公用的餐具将食物装入自己的食盘之内，然后即应迅速离去。切勿在众多的食物面前犹豫再三，让身后之人久等，更不应该在取菜时挑挑拣拣，甚至直接下手或以自己的餐具取菜。

### 2. 少取多次，量腹取食

自助餐大受欢迎的特点就是不限数量，保证供应。在自助餐就餐时，遇上了自己喜欢吃的东西，完全可以放开肚量，尽管去吃。因此，商务人员在参加自助餐时，不必担心别人笑话自己，爱吃什么，就吃什么。

在根据本人的口味选取食物时，必须量力而行。严格地说，在享用自助餐时，多吃是允许的，而浪费食物则绝对不允许。这一条，被人们称为自助餐就餐时的"每次少取"原则。

### 3. 转场一周，按序取菜

按照常识，参加一般的自助餐时，取菜时的标准先后顺序应当是：冷菜、汤、热菜、点心、甜品和水果。先在全场转上一圈，了解一下菜品情况，然后再决定去取何种菜肴，这是最有效果的自助餐取食方式。

在自助餐上，如果想要吃饱吃好，那么在具体取用菜肴时，就一定要首先了解合理的取菜顺序，然后循序渐进。

### 4. 自助自觉，送回餐具

在自助餐上，强调的是用餐者以自助为主，也就是不但要求就餐者取用菜肴时以自助为主，还要求其整个过程善始善终，在用餐结束之后，自觉地将餐具送至指定之处。这一点就餐者一定要牢记在心，并且要认真地付诸行动。

<h2 style="text-align:center">用餐完毕后要注意的礼节</h2>

在一般情况下，自助餐大都要求就餐者在用餐完毕之后离开用餐现场之前，自行将餐具整理到一起，然后一并将其送回指定的位置。

在庭院、花园里享用自助餐时，不允许将餐具随手乱丢，甚至任意毁损餐具。

在餐厅内就座用餐时，有时可以在离去时将餐具留在餐桌之上，而由侍者负责收拾，但应在离去前对其稍加整理，不要弄得自己的餐桌上杯盘狼藉，不堪入目。

用餐结束之后，万一有少许食物剩下了，也不要私下里乱丢、乱倒、乱藏，而应将其放在适当之处。

### 5. 现场享用，避免外带

所有的自助餐形式，无论是由主人亲自操办的自助餐，还是对外营业的正式餐馆里所经营的自助餐，都有一条不成文的规定，在参加自助餐时，一定要牢牢记住不能外带。在用餐时不论吃多少都是可以的，但是用餐结束之后，不能有俗称为"打包"的想法和做法。如果出现那样的行为，必然会让商界其他人士笑话。

### 6. 和睦相处，照顾他人

在参加自助餐时，除了对自己用餐时的举止表现要严加约束之外，还需与他人和睦相处，多加照顾。

对于自己的同伴，特别需要加以关心，若对方不熟悉自助餐，不妨向其扼要地进行介绍；在对方乐意的前提下，还可向其具体提出一些有关选取菜肴的建议；对于在自助餐上碰见的熟人，也应如此加以体谅。但绝对不可以自作主张地为对方直接代取食物，更不允许将自己不喜欢或吃不了的食物"处理"给对方；在用餐的过程中，对于其他不相识的用餐者，应当以礼相待；在排队、取菜、寻位期间，对于其他用餐者要主动加以谦让，不要目中无人，蛮横无理。

### 7. 餐饮为次，交际为重

在参加由商界单位所主办的自助餐时，商务人员必须明确，吃东西属于次要之事，而与他人进行适当的交际活动才是自己最重要的任务。不应当以不善交际为由，只顾自己独自享用，而不同其他在场者进行任何形式的正面接触。

在自助餐上，交际的主要形式是几个人聚在一起进行交谈。为了扩大自己的交际面，在此期间不妨多换几个类似的交际圈。只是在每个交际圈，多少总要待上一会儿，不能只待上一两分钟马上就走，好似蜻蜓点水一般。

在参加自助餐时，一定要主动寻找机会，积极地进行交际活动。首先，应当找机会与主人攀谈一番；其次，应当与老朋友好好叙一叙；最后，还应当争取多结识几位新朋友。

### 自助餐礼仪——互动与形象

**1. 不要只吃不说**

如果你没有急事，那总得与周围的朋友说说话，找两个朋友聊一聊。要与老朋友叙叙旧，与刚认识的人巩固一下关系，和主人打个招呼，再认识认识主宾，不要始终不吭一声。总之，你得和他人聊聊，你得适度地和他人进行互动。

任何宴会，实际上吃饭只是形式，社交才是其真正的内容。

**2. 注意维护形象**

在一般宴会上，要讲究最基本的礼貌。比如说，吃东西不能发出声音、现场不能吸烟、当众不能化妆或补妆，这些都要注意。

# 第四节　饮用咖啡礼仪

咖啡是英美国家常用的饮品。咖啡源自希腊语 kawehp，意思是"力量与热情"，饮用咖啡特别需要注意饮用的时机、咖啡的种类、饮时的举止三方面的问题。

## 一、饮用咖啡的时机

### 1. 饮用的时间

喝咖啡时应选择适宜的时间，早上是喝咖啡的最佳时间，一杯热咖啡可以让心情更加舒畅。白天工作时喝咖啡可提神，此时咖啡可稍浓。餐后可饮用咖啡，且以略淡为宜。晚间尤其是睡前不应饮咖啡，因为咖啡中的咖啡因对神经有一定的刺激作用，会使大脑产生兴奋而影响睡眠，甚至影响第二天的精神状态。餐前不宜饮咖啡，空腹时避免饮用咖啡，因为这会令肠胃对咖啡吸收加快，导致肠胃液提前大量分泌，待吃饭时往往引起食欲不振，长期下去会引起胃病。

### 2. 饮用的场合

最常见的饮用咖啡的场合主要有客厅、办公室、餐厅、咖啡厅等。具体场合不同，饮用时的礼仪要求往往也有所不同。在客厅内饮咖啡，主要适用于招待客人。有些时候，自己与家人喝咖啡也会选择此处。在办公室饮咖啡，主要是工作间歇自己享用，为了提神解乏。咖啡是西餐的最后一道"菜"。咖啡厅除供应咖啡外，还可提供其他的餐饮，如今在我国，咖啡厅逐渐成为人们休闲和商务聚会的场所。而在欧美国家去咖啡馆喝咖啡则是很普通的事，对法国人来说更像每天例行的公事："我不在咖啡馆，就在去咖啡馆的路上。"

## 二、饮用咖啡时的礼仪

饮用咖啡也要讲礼仪，而这些饮用咖啡的礼仪可以体现高雅的素质。这主要体现在饮用的数量、配料的添加、饮用的方法三方面。

### 1. 饮用的数量

在正式的场合，饮用咖啡时应注意以下两点。一是杯数宜少。在正式的场合，咖啡实际上是一种交际的陪衬，而不是作为解渴的饮料。一般饮一杯就可以了，最多也不宜超过三杯。二是入口宜少。端起咖啡一杯而尽、大口吞咽咖啡、饮时响声大作等都是失礼的行为。一般来说，一杯咖啡总要喝上十来分钟，并且应一小口、一小口地慢慢品尝，慢慢地体会其润滑的口感、美妙的滋味。但需要注意的是，咖啡需要趁热喝，因为咖啡中的单宁酸很容易在冷却过程中起变化而使口味变酸，影响咖啡的风味。

### 2. 配料的添加

饮用时可根据个人的需要和爱好往咖啡中添加牛奶、方糖等配料。因个人的喜好往往相去甚远，因此可为自己添加配料，但不要为他人添加，以免令对方感到不快。但当他人为自己添加时应向其道谢，不要去责怪对方。添加时注意避免不卫生、不得体的做法。若需补充配料，要文明地示意侍者，不可对其责备。加糖时，应用专用糖夹或小匙，而不要用自己所用的咖啡匙去取，更不要直接用手取用。

### 3. 饮用的方法

咖啡要优雅地品，注意咖啡的欣赏、杯碟的使用、咖啡匙的用法、糖的放法、咖啡添加与甜点取食、交谈须知几个方面的问题。

1) 咖啡的欣赏

在饮咖啡之前，以正确的方式欣赏一杯好咖啡，不仅能更好地欣赏咖啡的美味，也有益于酝酿一份美好的心情。一杯好咖啡应该是清澈明亮和透明度好的。将汤匙放入优

质的咖啡中，汤匙的光芒会反射得闪闪发光；然后舀起一汤匙来再滴回去，会发现滴落的那一瞬间，咖啡液会形成宝石般的珠形滑过表面，这样的咖啡才称得上是一杯高品质咖啡。

2) 杯碟的使用

餐后饮用咖啡时，一般是用袖珍型的咖啡杯。这种小型杯的杯耳较小，手指无法穿进去。即使是较大的杯子，也无须用手指穿过杯耳再端住杯子。持握咖啡杯的得体方法是伸出右手，用拇指与食指握住杯耳后，轻缓地端起杯子，左手轻轻托着咖啡碟，慢慢地移向嘴边轻啜。不要满把握杯、大口吞咽，也不要俯首去就咖啡杯。饮用咖啡时，口中不要发出响声。添加咖啡时，不要把杯子从咖啡碟中拿起来。饮用时不可以双手握杯，也不可用手托着杯底、俯身临近杯子，或用手端着碟子而去吸食放置在其上的杯中的咖啡。

在正式的场合，咖啡是盛入杯中，然后放在碟子上一起端上桌的。碟子的主要作用是用来放置咖啡匙，并接收溢出杯子的咖啡。若碟中有溢出的咖啡，切勿泼在地上或倒入口中，可以用纸巾将其吸干。

饮咖啡时，若坐在桌子的附近饮咖啡，通常只需端杯子，不必端碟子。但离开沙发或桌子以及站立谈话、走路时，需要手端托盘。应用左手将杯、碟一起端到齐胸高度，随后再以右手持杯而饮。这样端咖啡，姿势优雅而且可防止咖啡溢出杯子弄脏衣服。

3) 咖啡匙的用法

咖啡匙是专门用来搅拌咖啡的，饮用时应把它取出来，加入牛奶后，以之轻轻搅动，使其与咖啡相互融合；加入方糖后，用匙略加搅拌，促使其迅速溶化；若嫌咖啡太烫，可用咖啡匙轻轻搅拌促使其变凉。搅拌时手腕不动，而是用手指轻轻搅动咖啡匙，记住不要用嘴把咖啡吹凉，那样极不雅观。注意不要用匙舀咖啡饮用，不要用咖啡匙来捣碎杯中的方糖，也不可让它立于咖啡杯中。不使用时，可将其平放在咖啡碟里。

4) 糖的放法

给咖啡加糖时，砂糖可用咖啡匙舀取，直接加入杯内；方糖可先用糖夹子把其夹到咖啡碟的近身一侧，再用咖啡匙将方糖轻轻地放到杯子里。如果用糖夹子将方糖直接放入杯内，可能会使咖啡溅出弄脏衣服或台布。

5) 咖啡添加与甜品取食

需要添加咖啡时，不要把咖啡杯从咖啡碟中拿出来，直接往杯内添加咖啡就可以了。喝咖啡时可以吃一些点心，但不要一手端着咖啡杯，一手拿着点心。切勿双手左右同时开弓，吃一口喝一口地交替进行。此种做法会显得吃相不雅。饮用咖啡时应放下点心，吃点心时则要放下咖啡杯。此外，切勿只吃不喝，那是本末倒置。

6) 交谈须知

一般人们喜欢到咖啡厅里饮咖啡。咖啡厅的环境一般都很优雅，在里面享用饮品时，举止要文明，不要盯视他人。饮用咖啡时应适时地与交往对象交谈，要降低音量，不可大声喧哗、乱开玩笑，更不要与他人打闹。自己饮过咖啡后，在讲话以前，最好先用纸巾擦一擦嘴，免得有损个人形象。当他人正在饮咖啡时，不要与其交谈。

# 三、关于咖啡的常识

由于依据的标准不同，咖啡可被分为许多种类。目前，区分咖啡时主要依据其配料的添加、口味的区别、制作的方法。

## 1. 根据配料区分

依据饮咖啡时添加配料的不同，咖啡可被分为多个品种，主要有以下六种。

(1) 黑咖啡。黑咖啡是既不加糖，又不加牛奶的纯咖啡。它有助于化解油腻。至今，饮用此种咖啡仍被西方人视为身份高贵或出身于上流社会的一个标志。

(2) 白咖啡。白咖啡也称法式咖啡，即饮用前加如牛奶、奶油或特制的植物粉末的咖啡。饮者可根据喜好加糖。它适合在各种情况之下，尤其是在非正式场合饮用。

(3) 浓黑咖啡。浓黑咖啡以特殊的蒸汽加压的方法制成，极浓，不宜多饮。可加入糖或少量的茴香酒，但不宜加入奶油或牛奶。

(4) 浓白咖啡。浓白咖啡的制作与浓黑咖啡类似，只是加入奶油或奶皮。饮用时可加入少许柠檬皮榨取的汁液，而不宜再添加牛奶。

(5) 爱尔兰式咖啡。饮用前不加牛奶，而是加入一定量的威士忌酒。它的味道浓烈，具有提神作用。

(6) 土耳其式咖啡。土耳其式咖啡杯大量大，稍显浑浊，这是因其咖啡渣并未除去，而是被装入杯中与咖啡一起上桌的缘故。可根据个人情况适量加入牛奶与糖饮用。

## 2. 根据口味区分

依据口味的不同，咖啡可被分为多个品种，此处介绍主要的四种。

(1) 巴西咖啡。巴西咖啡产于南美洲，输出港为山多士，品质较好，味道较苦。

(2) 蓝山咖啡。蓝山咖啡味甘而略带香味，产于加勒比海牙买加的蓝山上，是咖啡中的极品。它拥有所有好咖啡的特点，品质优良，味道齐全，但产量少，价格昂贵。

(3) 哥伦比亚咖啡。哥伦比亚咖啡产于哥伦比亚曼地林，味道香醇，甘滑而带酸性。

(4) 摩卡咖啡。摩卡咖啡单饮或调配均宜，品质标准，产于埃塞俄比亚，酸醇味强，甘味适中，风味独特。

### 3. 根据制作方法区分

根据制作方法不同，咖啡大体上可被分为现煮的咖啡、速溶的咖啡、罐装的咖啡三种。

(1) 现煮的咖啡。现煮的咖啡即将一定数量的咖啡豆放入特制的咖啡磨具现磨现煮的咖啡。与速溶咖啡相比，它费时费力，技术水平要求较高。在西方国家，家里来了客人，一般女主人会亲自为客人煮咖啡、上咖啡，当客人受到此种待遇时，要真诚地向女主人道谢。

(2) 速溶的咖啡。速溶的咖啡即以现代工艺将咖啡提纯、结晶、装罐，只需冲入适量的热开水便可饮用。虽然方便饮用，但口味较单一，口感、档次上均无法与现煮的咖啡相提并论。因此款待重要客人时，最好不要上速溶的咖啡。

(3) 罐装的咖啡。罐装的咖啡即将煮好的咖啡装入罐内，可随时饮用。饮用方便，但口味稍微逊色，一般不宜以之待客。

# 思考与练习

## 一、单选题

1. 在正式的中式宴请中，每张桌子的座位安排都要以(　　)为中心。

    A. 年长者　　　　B. 女士　　　　C. 职位最高者　　D. 年少者

2. 宴请国外客人时，以下哪种点菜方法是错误的？(　　)

    A. 根据自己的喜好点菜　　　　　B. 点饺子等中餐特色菜

    C. 点本地特色菜　　　　　　　　D. 根据客人的喜好点菜

3. 在一些中餐场合，用餐者的面前会摆放一块湿巾，这块湿巾主要是用来(　　)。

    A. 擦手　　　　B. 擦脸　　　　C. 擦汗　　　　D. 擦餐具

4. 中餐餐具不包括(　　)。

    A. 筷子　　　　B. 碗　　　　C. 汤匙　　　　D. 刀叉

5. 在自助餐中，下列哪一种做法合乎礼仪规范？(　　)

    A. 菜品取太多，分给同伴　　　　B. 排队取菜

    C. 吃不了打包带走　　　　　　　D. 用自己的餐具取菜

6. 正式宴请中，一道菜上来后，要等(　　)先动筷，然后其他人再动筷。

    A. 主宾　　　　B. 女士　　　　C. 年少者　　　　D. 年长者

7. 在西餐用餐时，刀叉呈现刀口向内、叉齿向下，八字形架在餐盘和桌面之上，它的含义是(　　)。

A. 需要更换　　　B. 用餐完毕　　　C. 用餐开始　　　D. 尚未用完

8. 在西餐的用餐过程中，餐巾放在椅背上，暗示(　　)。

　　A. 暂时离开　　　B. 用餐结束　　　C. 需要更换　　　D. 用餐开始

9. 西餐中，餐巾的正确放置方法是(　　)。

　　A. 塞进衣襟里　　　　　　　　B. 围在脖子上

　　C. 铺在腿面上　　　　　　　　D. 铺在桌面上

10. 西餐中，一般讲"红酒配红肉"，其中的"红肉"不包括(　　)。

　　A. 海鲜　　　　　B. 牛肉　　　　　C. 羊肉　　　　　D. 猪肉

11. 白葡萄酒的最佳饮用温度为(　　)。

　　A. 都可以　　　　　　　　　　B. 0～5℃

　　C. 10～15℃　　　　　　　　　D. 15～20℃

12. 红葡萄酒的最佳饮用温度为(　　)。

　　A. 15～20℃　　　　　　　　　B. 0～5℃

　　C. 30℃左右　　　　　　　　　D. 都可以

## 二、讨论题

1. 简述吃自助餐的礼仪规范。

2. 结合实际谈谈在家庭聚餐中应该遵守哪些礼仪规范。

## 三、训练题

1. 训练碗筷的用法。

2. 训练刀叉的用法。

3. 训练餐巾的用法。

# 参 考 文 献

[1] 金正昆. 社交礼仪教程[M]. 北京：中国人民大学出版社，2009.

[2] 杨丽. 商务礼仪与职业形象[M]. 大连：大连理工大学出版社，2018.

[3] 杨丽. 国际商务礼仪[M]. 北京：高等教育出版社，2018.

[4] 张晓梅. 晓梅说礼仪[M]. 北京：中国青年出版社，2008.

[5] 郑建瑜. 会议策划与管理[M]. 天津：南开大学出版社，2008.

[6] 曹艺. 商务礼仪[M]. 北京：清华大学出版社，2009.

[7] 冯玉珠. 商务宴请攻略[M]. 北京：中国轻工业出版社，2006.

[8] 郑建斌. 宴道——中国式宴请全攻略[M]. 北京：中国纺织出版社，2009.

[9] 连娟珑. 国际礼仪[M]. 天津：天津科学技术出版社，2005.

[10] 谢迅. 商务礼仪[M]. 北京：对外经济贸易大学出版社，2007.

[11] 王琦，舒卷，朱凤梅. "一带一路"沿线国家商务习俗一本通[M]. 成都：西南交通大学出版社，
    2017.